# Meine schönsten
# Gute-Nacht-Geschichten

3-Minuten-Geschichten

**EDITION XXL**

# Inhalt

Häschen-Geschichten............ 4

Bauernhof-Geschichten......... 84

Dinosaurier-Geschichten....... 170

# Häschen-Geschichten

# Die Überraschungstorte

Laura und Lena sind Zwillinge. Bald haben sie Geburtstag. Mama hat ihnen eine kleine Feier mit der Familie und ein paar Freunden erlaubt.

Aber die Zwillinge sind so aufgeregt, dass sie jeden einladen, den sie kennen. Sie laden ihre ganze Klasse und alle Brüder, Schwestern und Freunde ihrer Klassenkameraden ein.

Als der große Tag nun endlich da ist, stehen Hunderte von Hasen vor der Tür.

„Wir können doch nicht feiern!", sagt Mama ärgerlich.

„Wir haben nicht genug Essen für so viele Gäste!"

Laura und Lena sind sehr traurig. Jetzt ist die Party vorbei, bevor sie überhaupt angefangen hat!

Da kommen Onkel David und Tante Luisa herein.

„Überraschung!", ruft Tante Luisa und zeigt auf Onkel David. Der trägt eine riesige Geburtstagstorte – so groß, dass sie für alle reicht!

„Danke!", rufen die Zwillinge. „Jetzt können wir doch noch feiern!"

# Emmas leuchtende Freunde

Emma hasst es, schlafen zu gehen. „Lies mir noch eine Geschichte vor", bittet sie Mama oder: „Kann ich noch was trinken?" Aber in Wahrheit fürchtet sich Emma vor der Dunkelheit.

„Komm mit", sagt Mama, nimmt Emmas kleine Pfote und führt sie zum Fenster. „Ich werde dir etwas ganz Besonderes zeigen!"

Sie deutet auf den Himmel und Emma sieht den großen, silbernen Mond und Tausende blinkender Sterne.

„Sieh mal, wie schön die Nacht ist!", sagt Mama. „Wenn alle Lichter aus sind und Papa und ich ins Bett gehen, bleiben der Mond und die Sterne wach und passen auf dich auf. Sie strahlen jede Nacht so hell, damit du sicher einschlafen kannst!"

Emma klettert zurück ins Bett und kuschelt sich unter die Decke. Einen Moment lang denkt sie nach, dann umarmt sie Mama so fest sie kann.

„Gute Nacht, Mama", sagt sie und schließt die Augen. „Jetzt habe ich keine Angst mehr, weil ich weiß, dass der Mond und die Sterne für mich leuchten!"

# Die bunte Schule

Leon liebt es über alles, zu malen. Er malt immer und überall – wenn er Hausaufgaben machen muss oder ins Bett gehen soll. Er malt sogar auf Wände, Fußböden und Decken!

Natürlich bekommt er deshalb oft Ärger. Alle sind sich einig, dass es so nicht weitergehen kann. Da hat seine Lehrerin eine Idee. „Unsere Schule sieht so grau aus", sagt sie zu Leon. „Könntest du nicht ein großes Bild auf die Wand malen?"

Das lässt sich Leon nicht zweimal sagen. Er besorgt einen großen Pinsel und viele bunte Farben und macht sich an die Arbeit. Nach ein paar Tagen ist das Bild fertig – es ist riesengroß und sieht fantastisch aus!

Jetzt ist jeder sehr stolz auf die neue bunte Schule und auf Leon, den Künstler!

# Wir bleiben hier!

Tim und Jenny schmollen. Sie hatten einen tollen Urlaub, aber morgen fängt die Schule wieder an. Als sie zu Hause ankommen, weigern sie sich, aus dem Auto auszusteigen.

„Wir bleiben so lange hier, bis wir wieder zurück in den Urlaub fahren!", sagen sie.

„Na gut!", sagen Mama und Papa, steigen aus und gehen ins Haus.

Schon bald steigt ihnen der Duft von leckerem Essen in die Nase. „Wir bleiben hier, bis wir zurück in den Urlaub fahren!", sagt Tim.

Durch das Fenster können sie sehen, wie Papa im Wohnzimmer fernsieht. „Wir bleiben hier!", sagt Tim.

„Was wohl im Fernsehen läuft?", fragt Jenny nachdenklich.

„Hoffentlich heben sie uns etwas zu essen auf!", sagt Tim hungrig.

„Sieh mal! Es gibt Karottenburger!", schreit Tim plötzlich. „Mein Lieblingsessen!" Blitzschnell springt er aus dem Auto und rennt zum Haus.

„Warte auf mich!", ruft Jenny und rennt ihm hinterher.

# Der Rodeostar

"Jiihah! Weiter, Cowboy!", jubelt der Cowboy-Hase Mark, während er die Zügel stramm zieht. Er winkt den Zuschauern mit seinem Hut zu, als das wilde Rodeopferd sich aufbäumt und den Kopf hin und her wirft. Marks Lederweste, sein gepunktetes Halstuch und sein kariertes Hemd flattern, als er im Sattel auf- und abhüpft. Seine Gürtelschnalle blitzt im Scheinwerferlicht der Arena.

Mark ist der beste Rodeoreiter im ganzen Wilden Westen und er ist sehr stolz auf sich. Die Menge jubelt und johlt laut, als Mark länger auf dem bockigen Pferd bleibt, als es jeder andere gekonnt hätte. Mark wird niemals geschlagen werden. Bis …

BUMM!

"Was war das für ein Geräusch?", fragt Mama und stürmt zur Tür.

"Ich bin von meinem Pferd gefallen!", jammert Mark. Er steht auf und reibt sich den Po.

"Du meinst von meinem Sofa. Du hast mal wieder geträumt", lacht Mama.

"Schade", sagt Mark. "Aber wenn ich groß bin, dann will ich trotzdem mal ein berühmter Rodeoreiter werden!"

# Die Fuchsmaske

Opa Hase möchte Lukas eine Lektion erteilen. Lukas liebt es, anderen Streiche zu spielen. Sein Lieblingsstreich ist gerade, an Opa Hases Tür zu klingeln und dann schnell wegzurennen.

,,Dem werde ich's zeigen!", denkt Opa, zieht eine Fuchsmaske auf und wartet ab, bis Lukas klingelt. Blitzschnell öffnet Opa dann die Tür und knurrt furchterregend.

Lukas bleibt wie angewurzelt stehen und fängt an zu weinen.

,,Ein Fuchs hat Opa gefressen und ich bin jetzt der Nächste!", denkt er.

Da nimmt Opa die Maske ab und umarmt Lukas. ,,Es tut mir leid, dass ich dich erschreckt habe", sagt Opa. ,,Aber ich habe genug von deinen Streichen!" Lukas hat seine Lektion gelernt und wird Opa nun keine Streiche mehr spielen. Opa schenkt ihm die Fuchsmaske.

,,Prima!", freut sich Lukas. ,,Die zieh ich gleich zum nächsten Fasching auf."

# Emilys neuer Regenmantel

Emily mag Regen überhaupt nicht. Sie versteht nicht, warum die anderen Hasenkinder so gerne in den Pfützen planschen.

„Das Fell wird dabei schmutzig und nass!", denkt sie. „Was soll daran Spaß machen?"

Wenn es regnet, sitzt Emily am Fenster und schaut unleidlich ihren Freunden zu, die draußen spielen. Noah lässt ein kleines Boot auf einer Pfütze treiben und Ben macht die Wellen dazu. Ella und Lilly hüpfen in die Pfützen und manchmal fallen sie auch hinein!

Aber Emily will nicht rausgehen und mitspielen, auch dann nicht, wenn ihre Freunde sie rufen.

Eines Tages kommt Mama mit einem Päckchen für Emily nach Hause. Darin sind ein wunderschöner, roter Regenmantel und rote Gummistiefel.

„Das ist für dich, damit du bei Regen rausgehen kannst, ohne auch nur ein bisschen nass zu werden!", sagt Mama und lächelt. Emily lächelt auch – weil die Sachen so wunderbar rot sind! Seitdem ist Emily immer die Erste, die rausgeht, wenn es regnet.

# Der Hasenroboter

Professor Lampe kann alles erfinden. Er ist der klügste Hase auf der ganzen Wiese. Seine neueste Erfindung ist ein Hasenroboter.

„Dieser Roboter macht alles, was du willst!", erklärt der Professor. „Auf Knopfdruck mäht er den Rasen, belegt Brote, putzt das Haus, streicht die Haustür neu, wäscht das Geschirr ab und holt sogar die Zeitung!"

„Und er kann noch viel mehr!", sagt der Professor. „Er kann alles, was wir auch können, nur besser, schneller und länger!"

„Kann er auch hüpfen?", fragt Lotte unschuldig. Der Professor denkt lange nach und drückt dann einige Knöpfe. Der Roboter fängt an, sich hin und her zu bewegen, aber dann fällt er mit einem lauten KRACH auf den Boden!

„Ich fürchte, er kann nicht hüpfen!", sagt der Professor nachdenklich. „Ich habe nicht daran gedacht, als ich ihn gebaut habe!"

„Aber alle Hasen können hüpfen!", lacht Lotte.

„Wenn ich den Roboter repariert habe, kann er das auch!", lächelt der Professor.

# Ein Traum wird wahr

Jeder weiß, dass Mia davon träumt, fliegen zu können. Sie liegt auf dem Rücken und beobachtet die Vögel. Dann schließt sie die Augen und wünscht sich, wie die Vögel auf den Garten hinuntersehen zu können.

Eines Morgens wacht sie auf und findet einen kleinen Zettel neben ihrem Bett. Darauf steht: „Komm in den Garten und deine Träume werden wahr!"

Mia eilt nach draußen. An der größten Eiche hängt eine gelbe Leiter und daran ist ein Zettel befestigt. „Klettere hinauf!", steht da.

Am Ende der Leiter findet Mia ein kleines, grün gestrichenes Baumhaus, das zwischen den Blättern versteckt ist. Im Haus liegt wieder ein kleiner Zettel, auf dem steht:

„Es tut uns leid, dass wir dir nicht helfen können, zu fliegen. Deshalb haben wir dir dieses Haus gebaut. Jetzt kannst du wie die Vögel auf unseren Garten hinunterschauen! Alles Liebe, Mama und Papa."

# Das Weihnachtsversteckspiel

In den Wochen vor Weihnachten suchen die Hasenkinder das ganze Haus nach ihren Geschenken ab. Sie sehen in den Schränken nach, in allen Ecken, in den Schubladen, auf dem Dachboden und auch in Papas kleiner Gartenhütte – aber sie können die Geschenke nirgends finden. Am Tag vor Weihnachten haben sie sie immer noch nicht gefunden!

„Vielleicht bekommen wir dieses Jahr überhaupt keine Geschenke", sagt Ella. „Vielleicht waren wir nicht brav genug!"

„Dann vergisst uns auch das Christkind!", jammert Simon, das jüngste Häschen.

Die Hasenkinder gehen an diesem Abend sehr traurig ins Bett. „Das wird dann aber kein schönes Weihnachtsfest", denken sie. Aber am Heiligabend wartet eine Überraschung auf die kleinen Hasen. Unterm Weihnachtsbaum liegen viele bunte Geschenke, in allen Größen und Formen! Auch die Plätzchenteller sind üppig gefüllt!

Mama lacht über ihre verwunderten Gesichter.

„Frohe Weihnachten! Ihr habt doch nicht etwa geglaubt, dass wir euch vergessen? Ihr werdet niemals erraten, wo ich eure Geschenke versteckt habe! Und nächstes Jahr benutze ich dasselbe Versteck!"

# Glück gehabt!

Pia ist jetzt eine große Schwester! Mama hat ein kleines, süßes Hasenbaby aus dem Krankenhaus mit nach Hause gebracht. Jetzt schauen alle in das kleine, flauschige Gesicht und versuchen, einen passenden Namen zu finden.

,,Wie wäre es mit Evie?", fragt Papa.

,,Ich mochte schon immer den Namen Nele", sagt Mama. Aber niemand stimmt ihr zu und schon bald fallen ihnen keine Namen mehr ein. Am Nachmittag backen Pia und Mama einen ,,Willkommen-Zuhause-Kuchen", während das Baby leise in seinem Bettchen schläft.

Plötzlich hören sie ein seltsames Geräusch aus dem Kinderzimmer. Als sie hineinsehen, balanciert das Baby auf dem Gitter des Bettchens und versucht, ein Kuscheltier zu erreichen. Bevor sie das Baby erreichen können, beginnt es zu schwanken und fällt in die Tiefe! Pia und Mama rennen erschrocken zum Bettchen, da setzt sich das Baby auf und lacht. Es ist sicher im Wäschekorb gelandet.

,,Das ist es!", sagt Mama. ,,Wir nennen sie Felicitas, das bedeutet die ,Glückliche'!"

# Jakob, der Grabehase

Jakobs Lieblingsbeschäftigung ist es, Löcher zu graben. Er gräbt sie im Garten, im Wald und rund um den See. Die anderen Tiere müssen aufpassen, dass sie nicht in seine Löcher fallen. Eines Tages gräbt Jakob ein Loch neben der Eiche von Familie Eichhorn. „Warum gräbst du überall?", fragt das kleine Eichhörnchen.

„Weil Hasen das am besten können", antwortet Jakob. „Außer hüpfen natürlich."

Zufrieden mit der Antwort geht das kleine Eichhörnchen nach Hause.

Am nächsten Morgen gräbt Jakob immer noch. Frau Eichhorn und die kleinen Eichhörnchen kommen, um ihn zu begrüßen und zu sehen, wie weit er gekommen ist.

„Es ist schwierig, hier zu graben!", erzählt er ihnen. „Es sind sehr viele Nüsse und Eicheln vergraben, die sind mir im Weg."

„Das ist doch unser Wintervorrat!", antworten sie besorgt.

„Das tut mir leid!", entschuldigt sich Jakob schüchtern. „Das habe ich nicht gewusst. Ich bringe sie besser wieder zurück!"

„Dann wirst du jetzt zum ersten Mal Dinge vergraben, anstatt sie auszugraben!", lacht Frau Eichhorn und Jakob und die Eichhörnchen lachen mit ihr.

# Eine schöne Bescherung!

Mama bringt einige Einkäufe zu Frau König, der alten Dame im Haus nebenan.

„Kannst du kurz auf deine kleine Schwester aufpassen?", bittet sie Alex. „Ich bin nicht lange weg. Pass auf, dass sie keinen Unsinn macht!"

Alex verspricht, auf Vicky aufzupassen. Aber schon bald hat er keine Lust mehr, ihr ständig hinterherzulaufen. Er möchte seine eigenen Spiele spielen, ohne gestört zu werden. „Geh und spiel alleine!", ruft Alex genervt. „Ich möchte jetzt in Ruhe spielen!"

Vicky geht weg und Alex vergisst völlig, dass er auf sie aufpassen soll. Erst am Mittag denkt er wieder daran. Entsetzt folgt er einer Schlammspur, die vom Garten direkt in Vickys Zimmer führt.

„Eine schöne Bescherung!", denkt Alex. „Das sollte ich besser sauber machen, bevor Mama nach Hause kommt." Er putzt und wischt und schafft es gerade noch, rechtzeitig fertig zu werden.

Jetzt vergisst Alex nie wieder, auf seine Schwester aufzupassen. Denn er hat gesehen, was dabei herauskommen kann!

# Wer springt höher?

Lennart ist der schnellste Läufer in seiner Klasse. Er denkt, dass er auch der beste Springer ist.

„Ich wette, dass ich höher springen kann als du!", fordert er seinen Freund Luka heraus.

„Das werden wir ja sehen!", antwortet Luka. „Warum machen wir nicht einen kleinen Wettkampf?"

Lennart will unbedingt beweisen, dass er der beste Springer ist. „Lass uns auf das Vogelhäuschen springen!", sagt er.

Mit ein wenig Anlauf springt Luka ohne Probleme auf das Vogelhäuschen.

„Jetzt bist du dran!", ruft er, nachdem er runtergeklettert ist. Lennart springt so hoch er kann. Er springt sogar fast über das Vogelhäuschen!

„Hilfe!", schreit er und hält sich an der Kante des Vogelhäuschens fest. „Ich falle!"

Luka sucht so schnell er kann weiches Gras zusammen, damit Lennart darauf landen kann.

„Du hast gewonnen!", sagt Lennart, als er unten ist. „Ich bleibe lieber beim Laufen. Es ist mir lieber, wenn ich mit beiden Füßen fest auf der Erde stehe!"

# Der gelbe Schuh

Annika sammelt interessante Sachen von der Müllhalde. Eines Tages findet sie einen sehr großen, schönen gelben Schuh.

„Ich nehme ihn mit nach Hause und stelle ihn zu den anderen Dingen, die ich gefunden habe", lächelt sie.

Aber als Annika nach Hause kommt, ist Mama gar nicht begeistert.

„Nicht noch mehr von diesem Müll!", schimpft sie. „Diesen Schuh kann niemand mehr gebrauchen! Bring ihn dahin zurück, wo du ihn gefunden hast!"

Auf dem Weg zurück zur Müllhalde trifft Annika eine Mäusefamilie mit vielen Koffern und Taschen.

„Was ist denn bei euch los?", fragt sie.

„Unser Haus ist zu klein für uns alle und bald kommt der kalte Winter!", schluchzt die größte Maus. Da hat Annika eine Idee.

„Warum benutzt ihr nicht diesen Schuh?", fragt sie hoffnungsvoll. „Wenn wir ihn sauber machen und ein Dach für ihn bauen, dann ist er ein schönes Plätzchen für den Winter!"

Die Mäuse sind so glücklich über ihr neues Zuhause, dass sie alle ihre Freunde zu einem Fest einladen und Annika ist der Ehrengast.

# Anton wird berühmt

Eines Morgens sehen Anton und Anna gerade fern, als eine besondere Meldung kommt. Es geht um die Premiere eines neuen Films. Man sieht einen roten Teppich und viele Prominente, die Autogrammkarten unterschreiben. Die Menge ist sehr aufgeregt und jubelt, als Fotos gemacht werden.

„Ich wünschte, ich wäre berühmt!", seufzt Anton verträumt.

„Wir können ja so tun, als wärst du berühmt", lächelt Anna. „Wir können unsere Freunde zu unserer eigenen Autogrammstunde einladen."

Also zieht Anton seine besten Kleider an und tut so, als wäre er ein berühmter Filmstar. Alle Freunde jubeln und klatschen.

„Können wir ein Autogramm haben?", fragen sie sehr höflich. Anton unterschreibt auf allen Blättern seiner Freunde.

Als alle seine Freunde gegangen sind, lässt er sich erschöpft auf einen Sessel fallen.

„Ich glaube, ich möchte doch nicht berühmt sein", seufzt er. „Vom vielen Schreiben ist meine Pfote ganz wund!"

# Felix, der Filmstar

Felix sieht sich einen Film an. Als er fertig ist, stolziert er zu Mama hinüber.

„Howdy, Mama!", sagt er. „Zwei Kurze Saft, wenn ich bitten darf!"

„Was ist denn mit dir los?", antwortet Mama verblüfft. „Warum sprichst du so seltsam?"

„Genauso spricht Bronco Hase, der Sheriff in dem Western, den ich gerade gesehen habe!", sagt Felix, der sich den restlichen Tag wie ein Cowboy benimmt.

Am nächsten Tag läuft ein anderer Film im Fernsehen.

„Achtung, Herzchen!", johlt Felix. „Ab auf die Planke, ihr Landratten!"

Papa versteht ihn nicht. „So sprechen nur echte Piraten, wie Kapitän Silberohr!", erklärt Felix, der sich wie ein Pirat benimmt, bis er ins Bett geht.

Am nächsten Tag kommt Opa zu Besuch. „Komm, wir sehen uns meinen Lieblingsfilm an!", schlägt Opa vor.

Später sitzt Mama mit Opa in der Küche.

„Welchen Film habt ihr euch denn angesehen?", fragt sie.

„Einen Stummfilm", kichert Opa. Von Felix ist den ganzen Tag lang kein Ton mehr zu hören!

# Urlaub für DJ Daniel

„Einen guten Morgen an alle Rockhasen im Radioland! Hier ist DJ Daniel mit eurer Lieblingsmusik!"

Daniel spielt sein „Guten Morgen"-Musikprogramm. Es ist sehr beliebt, macht aber auch viel Arbeit. Er muss sehr früh ausstehen – so früh, dass es dann draußen noch genauso dunkel ist, wie wenn er noch spätabends auf Sendung ist. Und wenn er nicht gerade arbeitet, informiert er sich über die neuesten Lieder und Bands. Er hört sich sogar andere Radiosender an, um zu hören, was sie spielen. Es gibt kein Lied, das Daniel noch nicht gehört hat und keinen Sänger, den er nicht kennt.

Aber seine Arbeit ist auch ganz schön anstrengend und Daniel sieht erschöpft aus.

„Du brauchst dringend Urlaub!", sagt sein Chef. „Du siehst sehr müde aus!"

„Was für eine gute Idee!", stimmt Daniel ihm zu. „Aber wo kann ich mich am besten erholen?"

Bald findet er das perfekte Ziel. Eine einsame Insel!

„Das ist der perfekte Ort!", freut sich Daniel, als er am Strand liegt und dem Meer lauscht. „Hier ist kein einziges Radio in der Nähe!"

# Annes großer Auftritt

Anne will schon immer Schauspielerin werden und nun hat sie endlich die Möglichkeit: Sie ist die Königin im Schultheaterstück! Alle müssen viel üben und Anne ist besonders stolz auf ihr Kostüm. Sie sieht mit ihrer goldenen Krone sehr würdevoll aus.

Der Tag der Aufführung ist da und alle Eltern kommen, um sich das Stück anzusehen.

Aber dann geht so einiges schief! Anne tritt mitten in ihrer großen Rede auf ihren Umhang, verliert einen Schuh, als sie die Gäste etwas zu stürmisch begrüßt und beim Walzer mit dem König verliert sie ihre Krone.

Das Publikum kugelt sich vor Lachen. Alle denken, dass das Stück lustig sein soll.

Nach der Aufführung umarmt Mama Anne ganz fest.

„Das hast du gut gemacht!", sagt sie. „Möchtest du immer noch Schauspielerin werden?"

„Ich glaube, ich werde besser Komiker!", lacht Anne. „Ich kann die Leute zum Lachen bringen, auch wenn ich das gar nicht wollte!"

# Riesen in Australien!

Emil ist sehr aufgeregt. Er fliegt mit seiner Familie sehr weit weg, nach Australien! Emil hat gehört, Australien sei ein sehr seltsamer Ort, an dem alles auf den Kopf gestellt ist.

Aber als er da ist, fühlt er sich überhaupt nicht auf den Kopf gestellt.

Emil weiß auch, dass sein Onkel im Busch lebt. Was ihm sehr komisch vorkommt, weil alle Kaninchen, die er kennt, in einem Kaninchenbau leben! Aber als sie ankommen, sieht es dort nicht viel anders aus als zu Hause.

,,Wo ist der Busch?", fragt er verwirrt. Sein Onkel lacht und erzählt ihm, dass die Mitte Australiens ,,Der Busch" genannt wird.

Es bedeutet also nicht, dass er in einer Pflanze lebt! Emil ist enttäuscht. ,,Ich habe hier viele seltsame Dinge erwartet!", sagt er. In diesem Moment hüpft ein riesiger Hase vorbei, viel größer, als der größte Hase, den Emil je gesehen hat.

,,Wow!", ruft Emil. ,,Ich wusste gar nicht, dass es in Australien Riesen gibt!"

,,Das war kein Riese!", lächelt Papa, ,,Das war ein Känguru!"

,,Macht nichts!", sagt Emil. ,,Das ist jedenfalls sehr aufregend!"

# Philipps Garten

Philipp hat immer Hunger! Er mag saftige, gelbe Karotten. Er liebt goldenes Getreide. Aber am allerliebsten isst Philipp knackigen, grünen Salat.

Eines Tages gibt Papa ihm ein kleines Beet im Garten. „Du kannst dort anpflanzen, was du willst!", sagt er. Philipp sieht auf das Quadrat frisch umgegrabener Erde. Daneben stehen eine grüne Gießkanne und ein kleiner Spaten. Jetzt kann die Gartenarbeit beginnen.

„Ich glaube, ich weiß, was ich anpflanzen will!", sagt Philipp.

Er gräbt eine kleine Furche in die Erde, sät die Samen und gießt das Beet jeden Tag. Er jätet sogar das Unkraut.

Im Sommer ist Philipps Garten voller großer, fetter Salatköpfe. Er hat so viele davon, dass er sich dazu entschließt, ein Fest mit allen seinen Freunden zu feiern.

„Ich habe den Salat selbst angebaut!", erzählt er ihnen stolz.

Und alle sagen, dass Philipps Salat der beste Salat sei, den sie jemals gegessen haben!

# Die große Malina

Malin liebt Zauberei, deshalb ist sie auch sehr aufgeregt, als ein Freund für seine Geburtstagsfeier einen richtigen Zauberer einlädt. Aber als der Zauberer mit seinen Tricks anfangen soll, macht er eine Ansage.

„Es tut mir sehr leid", sagt er. „Aber die heutige Show muss leider ausfallen, weil mein Assistent krank ist!"

Malin steht auf. „Ich kann einspringen!", ruft sie. „Ich kenne alle Zaubertricks!"

Der Zauberer denkt kurz nach, dann stimmt er zu und lässt Malin mitmachen.

Sie ist vor Aufregung beinahe in Ohnmacht gefallen!

Malin und der Zauberer zeigen zusammen viele Zaubertricks und dann kommt endlich das große Finale! Der Zauberer sägt Malin in zwei Hälften! Alle klatschen und jubeln. Es ist der lauteste und längste Applaus, den der Magier je bekommen hat.

„Vielen Dank!", sagt der Magier zu Malin. „Wie kann ich dir nur danken?"

„Naja", sagt Malin, „Wie wäre es, wenn du mich zu einer richtigen Magierin ausbildest?" Und so geschieht es dann auch. Ein paar Jahre später tritt Malin alleine vor einem begeisterten Hasenpublikum auf. Sie nennt sich selbst „Die große Malina"!

# Größer als die anderen

Bruno ist das größte Kaninchen in seiner Klasse. Aber er ist gar nicht stolz darauf, dass er größer ist als alle anderen. Er wäre lieber so wie seine Freunde. Also lässt er die Schultern hängen und macht sich so klein wie nur möglich.

Eines Tages findet das große Schulfußballspiel statt. Alle Schüler gehen hin und nehmen Fahnen mit, um ihr Team damit anzufeuern. Aber für Brunos Mannschaft sieht es nicht gut aus und dann bricht auch noch die Fahnenstange entzwei!

Da hört Bruno eine leise Stimme neben sich. „Ich kann überhaupt nichts von dem Spiel sehen." Es ist das kleinste Kaninchen der ganzen Schule. „Klettere auf meine Schultern!", sagt Bruno zu ihm.

„Dann kannst du das Spiel sehen und deine Fahne so hoch schwingen, dass die Mannschaft sie sehen kann!" Das kleine Kaninchen freut sich riesig. Bruno macht es gar nichts aus, dass das Kaninchen auf seinen Schultern sitzt. Er ist sogar ein bisschen stolz, dass er ihm helfen kann. Als der Mannschaftskapitän die Fahne sieht und beide Daumen hochstreckt, muss Bruno schmunzeln!

Und Brunos Team gewinnt das Spiel dann doch noch. Bruno freut sich und lächelt glücklich. „Vielleicht ist es doch ganz gut, so groß zu sein!", denkt er und zieht den Kopf nun nicht mehr ein.

# Der schönste Schneehase

Es hat stark geschneit. Alle Hasen treffen sich zu einem Schneehasenwettbewerb. Herr Flauschohr verkündet, dass der beste Schneehase einen besonderen Preis gewinnt. Alle sind sehr aufgeregt und gehen sofort an die Arbeit.

Merle und Julia möchten einen perfekten Schneehasen bauen, aber sie bekommen es nicht richtig hin.

„Das sieht eher nach einem Schneeungeheuer als nach einem Schneehasen aus!", lacht Timo. Aber Merle weiß sich zu helfen! Bei der Preisverleihung ist Julia nirgends zu sehen. Herr Flauschohr ist von Merles Schneehasen sehr beeindruckt. Er hat genau die richtige Figur – und sogar Schnurrhaare!

„Moment mal!", ruft Herr Flauschohr. „Man kann doch keine Schnurrhaare aus Schnee machen!"

Da ist das Geheimnis gelüftet. Merle klopft ihren Schneehasen ab und als der Schnee abfällt ... steht da Julia! Sie ist der Schneehase gewesen! Herr Flauschohr schaut etwas verdutzt ... dann fängt er an zu lachen und kann fast gar nicht mehr aufhören!

Obwohl Merle und Julia nicht gewonnen haben, gibt Herr Flauschohr ihnen zwei Karotten, weil sie ihn so zum Lachen gebracht haben!

# Der Bücher-Trick

,,Kann ich mir ein Buch von dir leihen?", fragt Paula Opa Hase. Sein Haus ist voller Bücher – vom Fußboden bis zur Decke!

,,Natürlich!", antwortet Opa Hase. ,,Was für ein Buch möchtest du denn?"

,,Ein großes, bitte!", erwidert Paula fröhlich. Also nimmt Opa Hase ein sehr großes Buch aus dem Regal und gibt es ihr.

,,Vielleicht gefällt dir dieses hier!", sagt er nachdenklich.

,,Danke schön!", sagt Paula und verschwindet mit dem Buch. Aber kurz darauf ist sie schon wieder zurück.

,,Kann ich das gegen ein größeres Buch tauschen?", fragt sie. Opa ist verwirrt. Er holt das größte und dickste Buch, das er besitzt.

,,Bist du dir sicher?", fragt er. ,,Dieses Buch ist sehr schwer für ein kleines Häschen wie dich!"

,,Ja, ich bin mir sicher!", antwortet Paula und führt ihn in die Küche. Dann legt sie das Buch auf den Boden und stellt sich darauf.

,,Siehst du? Jetzt komme ich auch an die Kekse oben im Regal!"

# Adrian, der Abenteurer

Adrian ist ein Abenteurer. Er ist schon durch die ganze Welt gereist, immer auf der Suche nach Gefahr, Spannung und Abenteuer. Er ist auf den höchsten Berg gestiegen, in Haifischbecken getaucht, ist schon in tiefen unterirdischen Höhlen gewesen und hat noch viele weitere waghalsige Dinge getan! Er ist das mutigste Kaninchen und nichts und niemand kann ihn aufhalten! In seinem Urlaub fährt er mit seinem Rennwagen durch den Dschungel oder die Wüste. Er ist ein richtiger Held!

Eines Tages, nach einem neuen aufregenden Abenteuer, besucht ihn ein berühmter Fernsehreporter.

„Ich habe einen besonderen Auftrag für dich!", sagt der Reporter.

„Um was geht's?", fragt Adrian. „Einen Flug ins Weltall? Im Bermudadreieck schwimmen gehen? Ich bin für alles offen!"

„Nicht ganz", erwidert der Reporter. „Ich möchte dich in meiner Fernsehshow interviewen. Du kannst vor Millionen von Fans auftreten!"

Adrian wird ganz blass. Er ist nämlich unglaublich schüchtern und mag es nicht, vor anderen Leuten über sich selbst zu reden. „Ähm … nein danke!", sagt er. „Ich glaube nicht, dass ich das kann! Kann ich dafür vielleicht mit einem gefährlichen Tiger ringen?"

# Die blauen Rosen

Robin ist ein berühmter Gärtner. Er kann alles zum Wachsen bringen, aber Rosen mag er am liebsten.

„Ich wünschte, ich könnte blaue Rosen züchten!", seufzt er. „Sie würden in meinem Garten wunderschön aussehen!" Aber was er auch versucht, es gelingt ihm einfach nicht.

Eines Tages besucht ihn sein Bruder Simon, der auf einer langen Seereise gewesen ist.

„Du hast Glück!", sagt Simon. „Auf meinen Reisen habe ich viele seltene Blumen gesammelt. Eine davon ist ein blauer Rosenbusch!"

Am nächsten Tag bringt Simon den Busch mit. Robin freut sich sehr und pflanzt ihn sofort in seinem Garten ein. „Viel Spaß damit!", sagt Simon und geht wieder auf Reisen.

Dann regnet es eines Nachts sehr heftig. Am nächsten Morgen ist Robin fassungslos, als er seinen Rosenbusch sieht.

„Meine Rosen sind ja weiß!", ruft er erstaunt. Aber dann sieht er die Pfützen blauer Farbe unter dem Busch!

Da muss Robin lachen. „Mein Bruder hat mich reingelegt! Na warte, wenn der zurückkommt ..."

# Federn kitzeln so doll

Till schaut sich gerne Natursendungen an, aber eine Sache verwirrt ihn.

„Mama, warum haben Hasen eigentlich ein Fell? Warum haben wir nicht Schuppen wie Eidechsen? Oder Federn wie Vögel?"

„Wir würden sehr lustig ohne Fell aussehen!", lacht Mama, als sie das Bett macht. „Und uns wäre bestimmt sehr kalt!"

Till dachte lange nach. „Eidechsen haben Schuppen, oder? Aber sie brauchen Sonnenschein, um sich aufzuwärmen! Mama hat Recht, uns wäre zu kalt! Aber warum nicht Federn ...?"

Er nimmt Mamas Kissen. Plötzlich bleibt es an einer Ecke des Nachttischs hängen. Mit einem RATSCH verteilen sich die Federn im ganzen Zimmer!

„Hatschi!" Die Federn kitzeln Till an der Nase und er muss niesen. Ein paar Federn landen auch in seinem Hemd und Till muss lachen!

„Ich weiß, warum wir keine Federn haben!", kichert er. „Sie kitzeln zu sehr!"

# Lars, der Zauberer

Als Mirko ein Buch über Zaubertricks zum Geburtstag bekommt, probiert er sie gleich aus. Bald kennt die ganze Nachbarschaft seine Tricks!

Eines Tages zieht nebenan eine neue Hasenfamilie ein. Eins der Kinder heißt Lars und Mirko beschließt, ihm seine Tricks zu zeigen. Erst zeigt er viele tolle Kartentricks, dann zaubert er eine Karotte aus dem Nichts herbei.

„Kannst du auch einen Keks verschwinden lassen?", fragt Lars.

„Natürlich!", sagt Mirko stolz.

„Ich auch!", sagt Lars und bittet seine Mama um zwei Kekse. Einen für Mirko und einen für sich selbst.

„Pass genau auf!", sagt Mirko und macht eine Handbewegung – der Keks ist verschwunden!

„Jetzt bin ich dran!", sagt Lars lächelnd.

„Du kannst das sowieso nicht!", sagt Mirko mit gerunzelter Stirn.

„Doch natürlich! Es ist ganz leicht!", sagt Lars. Er steckt sich den Keks in den Mund und isst ihn auf.

„Abrakadabra!", ruft er lachend. „Und weg ist er!"

# Das bunte Häschen

Isabelle ist das bunteste Häschen weit und breit. Sie trägt alle Farben des Regenbogens. Jeden Morgen zieht sie eine rote Schleife, einen orangefarbenen Pulli, einen gelben Schal, einen grünen Rock, blaue Socken, schwarze Schuhe und lila Handschuhe an.

„Ich bin das bunteste Häschen, das es gibt!", sagt sie stolz.

Eines Tages fragt Mama, ob sie Kekse mit bunten Zuckerstreuseln backen will.

„Oh ja! Bitte!", sagt Isabelle und stellt sich auf einen Hocker, um die Streusel zu holen. Plötzlich fällt ein Mehlsack aus dem Schrank und Isabelle ist von Kopf bis Fuß mit Mehl bedeckt. Die bunten Kleider verschwinden unter einer weißen Schicht.

„Ach du meine Güte!", sagt Mama. „Was für eine Schweinerei!"

„Ich bin ja ganz weiß!", sagt Isabelle, als sie an sich heruntersieht. Ihr Gesicht und ihre Schnurrhaare sind weiß, ihre flauschigen Ohren sind weiß und auch ihre Kleidung mitsamt den Schuhen ist weiß.

„Jetzt bist du nicht mehr so bunt!", sagt Mama.

„Naja, macht nichts!", sagt Isabelle gelassen. „Weiß ist doch auch mal ganz schön!"

# Patrick kann nicht baden

Patrick ist sehr vergesslich.
   Er vergisst, sich die Zähne zu putzen.
   Er vergisst, sein Zimmer aufzuräumen.
   Er hat sogar vergessen, sein Lieblingsspielzeugauto aus dem Garten zu holen. Sein Bruder hat es dann wieder mitgebracht, aber da war es schon ganz schmutzig und nass vom vielen Regen.
   Eines Tages lädt ihn sein Freund Tobi an den Strand ein. Patrick sucht überall nach seiner Badehose und findet sie schließlich unter dem Bett. Dann rennt er hinunter und legt sie neben die Tür.
   „Ich bin fertig!", sagt er. Er nimmt seine Brotdose und rennt wie ein geölter Blitz aus dem Haus.
   Nach dem Mittagessen schlägt Tobis Papa vor, schwimmen zu gehen. „Das Wasser ist schön warm!" Also sucht Patrick seine Badehose.
   „Oh, nein!", ruft er. „Meine Badehose liegt noch neben der Haustür!"
   Während alle anderen im Meer schwimmen, muss Patrick alleine am Strand sitzen.
   „Ich werde nie wieder etwas vergessen!", nimmt er sich vor. Und er vergisst tatsächlich nie wieder etwas.

# Marcel zieht um

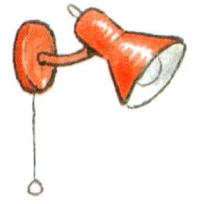

Marcels Familie zieht um. Alles ist schon in Kisten gepackt und alle sind bereit zu gehen, außer Marcel. Er will nicht umziehen. Er mag die alte, modrige Wohnung. Er mag das lose Dielenbrett, unter dem er seine Geheimnisse verstecken kann. Er wird den Garten vermissen und seinen großen Lieblingsbaum.

Als die Familie gehen will, versteckt sich Marcel.

„Ich gehe hier nicht weg!", denkt er. Aber Papa findet ihn.

„Ich verspreche dir, dass es dir dort gefallen wird!", sagt er zu Marcel.

„Nein! Ganz bestimmt nicht!", weint Marcel. „Es wird niemals so schön sein wie unsere alte Wohnung!"

Die neue Wohnung ist warm und trocken. Und Marcel hat sogar ein Zimmer ganz für sich allein! Noch mehr gefällt ihm der riesige Garten mit vielen großen, uralten Bäumen.

Als Marcel am nächsten Tag in der neuen Wohnung aufwacht, fühlt er sich schon recht wohl.

„Ich werde die alte Wohnung vermissen", denkt er. „Aber ich mag mein neues Zuhause!"

# Fabian will nicht mehr klein sein

Fabian ist vier und sehr klein. Das sagen ihm alle.

Fabian wünscht sich, größer zu sein. Er kann nicht einmal das Küchenregal erreichen, in dem die Karottenkekse stehen. Er kommt nicht an das Waschbecken heran. Immer muss ihm Mama einen Stuhl holen, auf den er sich stellen kann.

,,Ich will nicht so klein sein!", sagt Fabian traurig.

,,Kannst du dir selbst die Schuhe binden?", fragt Mama ihn.

,,Ja", antwortet Fabian.

,,Und kannst du ordentlich mit Messer und Gabel essen?", fragt Mama weiter.

,,Ja", sagt Fabian wieder.

,,Kannst du ein Bild malen und bis zwanzig zählen?"

,,Ja, das kann ich beides!", sagt Fabian.

,,Weißt du, Fabian", sagt Mama lächelnd, ,,groß zu sein hat auch etwas damit zu tun, was man schon alles kann. Und du kannst schon viele Dinge ganz alleine!"

Fabian denkt nach. ,,Ja, ich kann sehr viele Dinge!", sagt er stolz. ,,Und ich lerne jeden Tag etwas Neues! Vielleicht ist man mit vier gar nicht mehr so klein!"

# Das perfekte Haustier

Tina hat einen Goldfisch. Sara hat eine kleine Maus. Aber Sophie hat leider kein Haustier, dabei wünscht sie es sich so sehr!

„Du kannst jetzt noch keins haben", sagt Mama.

„Ein Haustier macht auch viel Arbeit!", sagt Papa. „Du musst es füttern und sauber halten. Du kannst eins haben, wenn du älter bist!"

Eines Tages schenkt Mama Sophie ein Päckchen.

„Ist es ein Haustier?", fragt Sophie aufgeregt.

„So ähnlich!", antwortet Mama. „Warum schaust du nicht nach?"

Also schaut Sophie vorsichtig in das Päckchen. Es ist etwas Weißes, Pelziges darin, das aussieht wie ein Babyhase.

„Es ist eine Handpuppe!", sagt Papa. „Zieh sie über deine Pfote!"

Sophie zieht die Handpuppe über die Pfote. Sie bewegt die Puppe, schmust mit ihr und nimmt sie überall mit hin. Die Puppe braucht nicht viel Platz und muss auch nicht gefüttert oder gewaschen werden!

„Danke!", sagt sie. „Das ist mein Übungshaustier, bis ich alt genug für ein echtes bin."

# Zu Besuch bei Frau Angora

Frau Angora trägt eine Brille und läuft sehr langsam am Stock. Sie ist so alt, dass ihr Fell schon weiß und silber geworden ist.

Eines Tages sind Mama, Nick, Eva und Sina bei Frau Angora eingeladen. Nick will nicht mitkommen.

„Alte Hasen sind langweilig!", sagt er. „Und ich wette, Frau Angora ist auch langweilig!" Als sie bei Frau Angora im Wohnzimmer sitzen, bekommt jeder von ihnen ein köstliches Stück Kuchen.

„Danke sehr!", sagen Eva und Sina.

Aber Nick will keinen Kuchen und sitzt schmollend zwischen den Hasenmädchen.

„Du bist mürrisch!", sagt Frau Angora. „Soll ich dir vielleicht einen Witz erzählen, um dich etwas aufzumuntern? Reisen zwei Hasen nach China. Dort angekommen meint der eine zum anderen: ‚Du, wir hätten uns Stäbchen besorgen sollen. Mit unseren Löffeln fallen wir hier nur auf!'"

Eva und Sina platzen fast vor Lachen und Nick kann nicht anders als auch mitzulachen.

„Siehst du!", sagt Eva später. „Alte Hasen sind nicht so langweilig!"

Seitdem besucht Nick Frau Angora öfter.

# Papas Geburtstagsgeschenk

Papa hat Geburtstag. Alex und Mama wollen ihm ein Laufband schenken.

„Papa wird es lieben!", sagt Mama. „Er sagt immer wieder, dass er sich fit halten möchte!"

Am Tag vor dem Geburtstag geht Mama einkaufen. Sie braucht noch Karotten und Kohl für die Feier.

„Spiel nicht mit dem Laufband, während ich weg bin!", sagt sie zu Alex.

Aber Alex kann nicht widerstehen.

„Ich schau es mir nur mal kurz an!", denkt er. „Ich frage mich, wie das funktioniert!"

Er drückt auf den großen, roten Knopf und das Band beginnt, sich zu bewegen.

„Wenn es schon an ist, kann ich auch mal darauf laufen", denkt er.

Also steigt er auf das Laufband und fängt an zu rennen. Aber je schneller er rennt, desto schneller wird es. Alex ist ganz außer Puste.

Als Mama nach Hause kommt, sagt sie: „Du siehst geschafft und müde aus, Alex! Hast du vielleicht Hunger? Du kannst etwas Kuchen haben, wenn Papa kommt!"

# Lea zählt Eichhörnchen

,,Gute Nacht!", sagt Leas Mama und deckt Lea zu. ,,Schlaf gut!"

,,Aber ich bin noch gar nicht müde!", mault Lea.

,,Dann zähle doch einfach Eichhörnchen!", antwortet Mama.

Also fängt Lea an zu zählen. ,,Eins, zwei, drei, vier ..."

,,Fünf!", sagt eine leise Stimme. Lea dreht sich um und sieht ein kleines Eichhörnchen auf ihrem Kissen sitzen. ,,Alle schlafen immer ein, bevor sie mich erreicht haben!", sagt Fünf. ,,Du musst aber noch sehr wach sein! Warum sehen wir uns nicht etwas um? Ich verspreche, dass ich auf dich aufpasse!"

Fünf zeigt Lea, wie man auf einen Baum klettert und sie spazieren fröhlich über die Äste. Dann springen sie von einem Baum zum anderen. Es ist fast so, als würden sie fliegen!

Plötzlich ruft Leas Mama ihren Namen: ,,Lea, Lea!"

,,Du musst jetzt nach Hause gehen!", sagt Fünf.

Mit schläfrigen Augen sieht Lea zu, wie Mama die Vorhänge aufzieht.

,,Lea! Es ist Zeit aufzustehen!", sagt sie. ,,Hast du etwas Schönes geträumt?"

# Abenteuer im Badezimmer

„Ich nenne dieses Schiff MS Hase!", verkündet Tobi. „Und mit mir als Kapitän reisen wir in viele ferne Länder!"

Mit einem lauten PLATSCH gleitet die MS Hase anmutig ins Wasser.

„Hisst das Großsegel!", befiehlt Tobi. „Los, Männer!"

Das Wasser schlägt Wellen und das Boot hat immer mehr damit zu kämpfen, über Wasser zu bleiben.

„Alle Mann an Deck!", ruft Kapitän Tobi. „Ein Sturm kommt auf! Kapitän Tobi hat noch nie eine Mannschaft im Stich gelassen!"

Kurz darauf flutet eine riesige Welle das Deck und die Gischt spritzt. Die MS Hase senkt und hebt sich im Sturm, sie ist kurz davor zu kentern!

Plötzlich kommt Tobis Mama mit einem Handtuch.

„Du freches Häschen!", schimpft sie. „Du hast wieder das ganze Badezimmer mit Wasser überflutet!"

„Tut mir leid, Mama!", grinst Tobi. „Ich habe gespielt, dass ich der Kapitän eines echten Segelschiffs bin!"

„Vielleicht sucht sich Kapitän Tobi das nächste Mal ruhigere Gewässer aus!", lacht Mama. „Sonst muss er wohl zur Strafe in die Kombüse, zum Kartoffelnschälen!"

# Der erste Schultag

Heute ist Marias erster Schultag an der Waldkaninchenschule. Sie hat von Mama und Papa ein neues blaues Kleid und ein Mäppchen in Form eines Schmetterlings geschenkt bekommen. Aber beim Frühstück bemerkt Mama, dass Maria nicht wie sonst die ganze Zeit plappert, sondern ungewöhnlich still ist. Vor dem Schultor hält sie Mamas Hand ganz fest und will sie nicht loslassen.

„Bitte, lass mich nicht allein!", bittet sie, also bleibt Mama noch kurz da.

Alle Hasenkinder setzen sich in einen Kreis und hören der Lehrerin zu, die eine Geschichte über einen kleinen Hasen mit einem blauen Mantel vorliest. Sie malen alle ein Bild zu der Geschichte. Die Lehrerin hängt alle Bilder an die Wand.

Zuerst ist Maria etwas schüchtern. Sie freut sich aber, als ihr Bild einen goldenen Stern bekommt, weil es so schön ist. In der Schule gefällt es Maria immer besser. Sie merkt nicht einmal, wie Mama den Raum verlässt.

Später, als Mama sie abholt, kann Maria gar nicht mehr aufhören zu erzählen!

# Die Geburtstagsüberraschung

Tom ist sehr aufgeregt. Er hat heute Geburtstag und er konnte kaum schlafen, weil er die ganze Nacht an die Geschenke, den Kuchen und die große Feier denken musste. Als es Zeit ist aufzustehen, rast er schnell die Treppe hinunter.

Doch als er unten ankommt, ist alles wie immer. Nichts, keine Geschenke, keine Karten und nicht die Spur einer Party!

„Guten Morgen, Tom", sagt Mama und stellt eine Schüssel Karottenflocken vor ihn auf den Tisch. „Zieh dich bitte an! Nach dem Frühstück gehen wir einkaufen."

Tom mümmelt missmutig an seinem Müsli herum und wartet darauf, dass ihm irgendjemand zum Geburtstag gratuliert. Aber niemand gratuliert ihm. Papa liest Zeitung und Mama räumt die Küche auf. Sie haben seinen Geburtstag wahrscheinlich vergessen!

Mama und Papa gehen in viele Geschäfte und Tom läuft traurig hinter ihnen her.

„Überraschung!", jubeln Mama und Papa plötzlich und alle seine Freunde springen aus ihrem Versteck in Hase's Hamburger Bar. „Alles Gute zum Geburtstag! Wir haben es nicht vergessen!"

# Ein Drache im Garten

Die Häschen spielen draußen fröhlich, als sich der Boden, auf dem Holli steht, auf einmal bewegt. Sie hüpft schnell ein paar Schritte zurück. Ein Berg Erde wächst vor ihren Augen sehr schnell aus dem Boden.

„Was ist das?", fragt Franziska.

Lotta meint, dass es ein Drache sein muss. Sie liest gerade eine Geschichte über Drachen, die unter der Erde leben.

Alle starren den Hügel an. Dann nimmt Max einen Stock und stochert ein wenig in der Erde herum. Da hören sie ein schnüffelndes, schlurfendes Geräusch von tief unten.

„Das ist auf jeden Fall ein Drache!", rufen die anderen ängstlich. „Und er ist bestimmt hungrig!"

Bald darauf erscheint ein kleines, schwarzes Gesicht und zwei winzige Knopfaugen blinzeln ins Licht.

Es ist Moritz, der Maulwurf. „Hallo?", ruft er. „Hat jemand nach mir gerufen?" Aber die Hasenkinder sind schon über alle Berge.

# Teilen ist schwer

Oma hat Alicia und Stefan zu Weihnachten einen großen, roten Ball geschenkt und ihnen gesagt, dass sie ihn sich teilen sollen. Das tun sie aber nie wirklich, sondern streiten die meiste Zeit um den Ball.

„Er gehört mir!", ruft Alicia.

„Nein, ich will den Ball!", schreit Stefan zurück.

Im Garten ziehen sie den Ball hin und her. Sie streiten so sehr, dass sie nicht bemerken, wie nahe sie am Fluss sind. Auf einmal rutscht ihnen der Ball aus den Pfoten. Er rollt zum Fluss und fällt hinein.

„Oh, nein!", jammert Alicia. „Jetzt ist er für immer weg!"

Zum Glück schwimmt der Otter Olli ganz in ihrer Nähe.

„Wer hat diesen Ball verloren?", fragt er.

„Er gehört uns!", sagt Stefan. „Wir haben darum gestritten, aber wir versprechen, jetzt friedlich zu spielen!"

Olli wirft Alicia den Ball zu. „Bitte sehr!", sagt er. „Aber denkt daran, zu teilen! Es macht viel mehr Spaß, zusammen zu spielen als allein!"

# Folge dem Hinweis!

Weil es regnet, sagt Eddies Mama, dass er drinnen bleiben muss. Eddie verbringt den ganzen Morgen damit, seine Lieblingsserie „Detektiv Sherlock Hase" zu gucken.

„Ich wette, ich kann auch ein Detektiv sein!", gibt er vor seiner Schwester Olivia an. „Ich glaube sogar, dass ich der Beste auf der ganzen Welt wäre! Es geht nur darum, Hinweisen zu folgen!"

Den Rest des Tages spielt Eddi Detektiv. Er sieht Olivia im Flur stehen.

„Du gehst mit Mama einkaufen!", sagt er stolz. „Du hast einen Regenschirm und du trägst Mamas Korb."

„Das kann ja wohl jeder herausfinden!", antwortet Olivia. „Denk lieber daran, drinnen zu bleiben und nichts anzustellen!"

Als Olivia nach Hause kommt, ist Eddi in der Küche.

„Du hast draußen gespielt!", ruft sie.

„Woher weißt du das?", fragt Eddi. „Hast du meinen nassen Mantel in der Garderobe gesehen? Oder habe ich Fingerabdrücke auf der Klinke hinterlassen?"

„Nein!", lacht Olivia. „Fußspuren! Du verteilst Matsch im ganzen Haus! Ich glaube, ich bin ein viel besserer Detektiv als du!"

# Marvins Traum

Marvin hat immer ganz tolle Träume. „Letzte Nacht habe ich davon geträumt, mit einer riesigen Karottenrakete zum Mond zu fliegen!", erzählt er seinen Freunden. „Und der Mond war ein großer Kopfsalat!"

Am nächsten Tag schläft Marvin im Garten, als Robert und Sara vorbeikommen.

„Ich habe gerade geträumt, dass ich einen Regenbogen runterrutsche und dort einen Topf voller goldener Körner finde!", sagt er und leckt sich die Lippen.

„Willst du nicht mitkommen und sehen, was wir heute Nachmittag machen?", fragt Robert, aber Marvin ist schon wieder eingeschlafen.

Also schleichen die Hasenmädchen auf leisen Sohlen davon. Als Marvin aufwacht, stehen eine Prinzessin und ein Ritter vor ihm.

„Ich glaube, ich träume immer noch!", ruft er überrascht. Aber dann bemerkt er, dass es seine Freunde Robert und Sara sind, die Kostüme anhaben.

„Wir führen ein Theaterstück auf. Möchtest du es sehen?", sagen sie und lächeln.

„Ich denke nicht im Traum daran, das zu verpassen!", lacht Marvin.

# PLITSCH! PLATSCH!

Es regnet sehr stark, als Julian von der Schule nach Hause läuft. Aber Julian trägt eine blaue Regenjacke, grüne Gummistiefel und einen roten Regenschirm und der Regen macht ihm nichts aus. Er hüpft in die Pfützen und spritzt mit dem Wasser um sich. Er versucht, auch über die Pfützen zu springen. Manchmal landet er in einer Pfütze, aber dank seiner Stiefel und der Jacke bleibt er schön trocken.

Er ist schon fast zu Hause, als er eine wirklich riesige Pfütze sieht. Er kann einfach nicht widerstehen. Er rennt auf die Pfütze zu und springt …

PLATSCH! Die Pfütze ist viel tiefer, als er dachte und plötzlich steht er bis zur Hüfte im Wasser. Das Wasser läuft in seine Stiefel und sickert durch seine Hose, sodass sogar seine Unterwäsche nass wird!

Und so kommt an diesem Tag ein sehr nasses Häschen nach Hause. Seitdem überlegt sich Julian zweimal, in welche Pfützen er springt!

# Timmy lernt schreiben

Timmy geht jetzt zur Schule. Am liebsten mag er es, auf einem Kissen zu sitzen und den Geschichten zu lauschen, die die Lehrerin vorliest. Er mag es auch, zu zeichnen. Rechnen macht ihm auch großen Spaß, er kann schon bis zwanzig zählen! Aber schreiben lernen – davor fürchtet sich Timmy ein wenig. Die ganze Klasse kann schon das Alphabet, aber Timmy ist neu und kann es noch nicht. Er glaubt nicht, dass er es je schaffen wird, die Buchstaben zu einem ganzen Wort zusammenzusetzen.

Bald wiederholen sie das Alphabet und Timmy soll dann genau aufpassen und es lernen.

Timmy ist sehr aufgeregt, als es soweit ist. Mama hat ihm extra einen neuen Stift gekauft. Er ist grün und hat rote Streifen.

„Holt bitte Papier und Stifte raus!", sagt die Lehrerin. Mit dem neuen Stift in der Hand, fühlt sich Timmy schon etwas besser. Die Lehrerin zeigt ihm, wie er seinen Namen schreiben kann: T I M M Y. Timmy ist nun richtig stolz auf sich.

Am Abend zeigt er Mama, was er in der Schule gelernt hat. „Sieh mal, was ich kann!", ruft er und schreibt seinen Namen immer wieder auf.

„Toll!", lobt ihn Mama. „Sieh dir das an, du schreibst ja, als ob du das schon immer gekonnt hättest! Du bist ein kluger Hase!" Und sie umarmt ihn fest und macht ihm sein Lieblingsessen – gebratene Karotten und Kohlbrei!

# Antons neue Schuhe

Anton fühlt sich oft ausgeschlossen. Alle anderen Häschen in seiner Klasse haben modische Turnschuhe und er hat überhaupt keine Turnschuhe! Alles, was er hat, sind alte, braune Schuhe.

„Ich möchte ein Paar Turnschuhe!", sagt er zu Papa. „Coole, neue Turnschuhe!"

Aber wie oft Anton auch bittet, die Antwort ist immer dieselbe: „Es tut mir leid, Anton, aber Turnschuhe sind zu teuer! Du musst deine alten Schuhe noch ein Weilchen tragen!"

Als Anton am nächsten Tag zur Schule gehen will, kann er seine Schuhe nicht finden! Stattdessen stehen da jetzt neue, rote Schuhe mit gelben Schnürsenkeln.

„Ich habe deine alten Schuhe angemalt, um sie ein wenig aufzupeppen!", sagt Mama stolz.

In der Schule sind sich alle einig, dass Antons neue Schuhe sogar noch besser sind als Turnschuhe. Jetzt ist Anton der coolste Hase der ganzen Häschenschule!

# Nikis Schattenspiel

Niki fürchtet sich so sehr im Dunkeln, dass Mama ihr ein besonderes Nachtlicht gekauft hat. Aber Niki mag es nicht, wie ihr Zimmer im Licht der kleinen Lampe aussieht. Wenn sie ins Bett gehen will, sieht sie überall Schatten von Ungeheuern und Gespenstern. Als Mama kommt und ihr eine gute Nacht wünscht, ist sie noch hellwach.

„Weißt du, Schatten müssen nicht gruselig sein!", sagt Mama.

„Du kannst sogar selbst Schatten machen!" Und sie hält ihre Pfoten vor die kleine Pilzlampe und zeigt Niki, wie man einen Vogelschatten auf die Wand werfen kann.

„Siehst du?", sagt Mama. „Warum machst du nicht verschiedene Tierschatten, bevor du ins Bett gehst? Also macht Niki mit ihren Pfoten noch mehr Schatten. Sie macht einen Elch und ein Häschen und hat dabei immer weniger Angst in der Dunkelheit. Und bevor sie es überhaupt bemerkt, ist sie schon eingeschlafen.

# Ein überraschendes Bad

Ben sieht hinunter in den Fluss. Er kann die Fische im Wasser umherflitzen sehen. Am liebsten würde er mit ihnen im warmen Wasser umherschwimmen, anstatt die ganze Zeit an Land langweilige Dinge zu tun. Das einzige Problem ist … Ben kann nicht schwimmen.

Er beugt sich immer weiter über das Ufer – PLATSCH! Das Wasser ist kalt und die Pflanzen sind glitschig. Er hustet und bibbert und schließlich klettert er wieder zurück ans Ufer.

Auf dem Nachhauseweg zittert Ben, ihm ist kalt und er ist pitschnass. Überall in seinem Fell hängen Wasserpflanzen. Ein Fisch zu sein, ist bestimmt doch nicht so toll! Zu Hause erwartet ihn Mama mit einem schönen, heißen Bad.

„Wir melden dich beim Schwimmkurs an", sagt sie. „Das Schwimmbecken ist warm und dort sind dir keine Pflanzen im Weg."

Bald kann Ben fast wie ein Fisch schwimmen. Aber er badet niemals wieder im Fluss.

# Der Wach-Traum

Es ist schon spät, aber Nathalie kann nicht einschlafen. Sie dreht und wälzt sich herum, zählt Eichhörnchen und geht sogar zu Mama, um sich ein Glas warme Milch zu holen. Nichts hilft.

„Ich frage mich, was passiert, wenn ich die ganze Nacht wachbleibe", überlegt sie.

Plötzlich erscheint eine orangefarbene Motte und sagt: „Häschen schlafen früher oder später immer ein. Das ist einfach so!"

„Aber ich bin überhaupt nicht müde!", erwidert Nathalie.

Sie reibt sich die Augen und schon sitzen ein silbernes Krokodil und eine grüne Ente an ihrem Bett.

„Ich wette, ich bin das erste Häschen, das die ganze Nacht wach bleibt!", sagt Nathalie.

„Häschen schlafen früher oder später immer ein!", sagen das Krokodil und die Ente.

„Ich glaube nicht, dass ich einschlafe!", widerspricht ihnen Nathalie. Und das Nächste, was sie sieht, ist Mama, als sie die Vorhänge öffnet.

„Ich glaube, ich war die ganze Nacht wach!", sagt Nathalie stolz.

Mama lacht. „Ich glaube nicht. Es sei denn, du schnarchst auch, wenn du wach bist!"

Nathalie ist ein bisschen enttäuscht, aber dann denkt sie an die lustigen Tiere in ihrem Traum und muss lachen.

# Marlon sieht schwarz

Marlon findet es sehr lustig, anderen Streiche zu spielen. Das Problem ist nur: Seine Freunde sind anderer Ansicht!

„Hai!", ruft er Theo zu.

„Wo denn?", fragt Theo, nachdem er sich erschrocken umgesehen hat.

„Nirgends!", lacht Marlon. „Ich habe nur Ina Ente gegrüßt." Aber später beschließen die Freunde, es ihm heimzuzahlen.

„Komm mal und sieh durch Finns Teleskop!", sagt Elli. „Da ist etwas Lustiges am Ende zu sehen!"

Marlon sieht hindurch. „Ich kann nichts Lustiges sehen!", sagt er enttäuscht. Aber als er sich umdreht, fangen alle seine Freunde an zu lachen: Um Marlons Auge herum ist ein schwarzer Abdruck vom Teleskop.

„Es ist nur Schuhcreme!", kichert Theo. „Wir haben dir doch gesagt, dass etwas Lustiges am Ende des Teleskops ist!"

Aber Marlon ist das etwas peinlich. Er hat seine Lektion gelernt und spielt seinen Freunden nun keine Streiche mehr.

# Was kannst du am besten?

Michel und seine Freunde veranstalten einen Wettbewerb. Die erste Aufgabe ist es, auf einen Baum zu klettern. Michel findet das schwieriger als er dachte. Als Willi, das Eichhörnchen, an der Reihe ist, klettert er blitzschnell hinauf und winkt seinen Freunden von oben zu.

„Ich habe gewonnen!", ruft er. „Klettern können Eichhörnchen am besten!"

Dann schlägt Elli, die Fledermaus, vor, zu testen, wer am längsten verkehrt herum an einem Ast hängen kann. Michel wird davon sehr schwindelig und Elli gewinnt natürlich.

„Überkopfhängen können Fledermäuse am besten!", sagt sie.

Die dritte Aufgabe ist, sich so lange wie möglich zu verstecken. Wer es am längsten schafft, hat gewonnen. Marius, die Maus, gewinnt, er ist der Kleinste und findet die besten Verstecke.

„Mäuse können sich am besten verstecken!", lächelt er.

Michel hat jetzt genug. Er hat bei nichts gewonnen!

„Ich habe eine Idee!", ruft er. „Warum machen wir nicht ein Wetthüpfen?" Dieses Mal gewinnt Michel. Denn Hüpfen können Hasen am besten!

# Eine besondere Überraschung

Larissas wertvollster Besitz ist ein magischer Kleiderschrank. Sie hat ihn einem alten Mann abgekauft, der behauptet, er sei ein Zauberer. Wenn Larissa irgendetwas will, muss sie nur einen Zauberspruch durch das Schlüsselloch flüstern. Wenn sie den Schrank dann öffnet, liegt das Gewünschte darin. Alle finden Larissas Schrank ganz toll, aber ihr Freund Leon ist ein wenig neidisch.

    Als Leon sieht, wie Larissa das Haus verlässt, schleicht er sich hinein und geht auf Zehenspitzen zum Schrank. Dann flüstert er durch das Schlüsselloch: „Ich wünsche mir eine besondere Überraschung!"

    Plötzlich gehen die Türen auf und eine Hand greift nach Leon. Die Hand zieht ihn in den Schrank, er fliegt durch die Luft, er schwebt über dem Ententeich und er ist zurück bei sich zu Hause, bevor Larissa nach Hause kommt. Die Überraschung aus dem Schrank wird Leon nicht so schnell vergessen.

# Ein verschneiter Tag

Der Winter ist da und alle Häschen bleiben drinnen im Warmen. Es gießt in Strömen, der Himmel ist dunkel und ein eiskalter Wind weht. Jeder Morgen ist düster und grau, deshalb sind die Hasenkinder schlecht gelaunt.

„Wir mögen den Winter überhaupt nicht!", jammern sie. „Es soll wieder Sommer werden!"

Eines Morgens wachen die Hasen auf und die ganze Landschaft ist von einer dicken Schneeschicht bedeckt.

„Hurra! Es hat geschneit", jubeln alle und rennen die Treppe hinunter und durch die Haustür. Sie bauen Schneehasen, machen eine Schneeballschlacht und gehen Schlittenfahren. Am Abend ist ihnen kalt und sie sind müde, aber sehr glücklich.

„Wir lieben den Winter!", rufen sie begeistert. „Wir wollen, dass es immer Winter bleibt!"

# Das Hasenrestaurant

„Ich eröffne ein Restaurant", erzählt Kim ihrem Freund Florian, dem Eichhörnchen. „Möchtest du mitmachen?"

„Nur, wenn ich der Koch sein darf!", sagt Florian sofort.

Am Tag der Eröffnung verbringt Florian den ganzen Tag in der Küche. Als die ersten Gäste kommen, nimmt die Kellnerin die Bestellungen entgegen, dann rennt sie in die Küche.

„Zwei Karottensuppen und einen Karottensalat, bitte!", sagt sie zu Florian.

Florian macht sich schnell an die Arbeit. „Ist bald soweit!", antwortet er.

Es kommen noch mehr Gäste. „Einen Karottensaft, vier Karottenaufläufe und zwei Karottenkuchen, bitte!"

Schnell ist das ganze Restaurant voll und Florian ist sehr beschäftigt.

„Noch einen Karottenkuchen, bitte!", sagt Kim.

„Ich kann Karotten nicht mehr sehen!", stöhnt Florian. Er hat an diesem Abend nicht ein einziges Mal die Küche verlassen. „Warum bestellen unsere Gäste denn nichts anderes?"

„Habe ich dir das nicht gesagt?", fragt Kim. „Das ist ein Restaurant für Hasen!"

# Das Kostümfest

Sara, Malte und Max planen Sabines Geburtstagsfest.

„Ich würde gern ein Kostümfest feiern!", sagt Sabine.

„Das ist eine tolle Idee!", erwidert Malte. „Wie wäre es mit Filmfiguren?"

Sara denkt einen Moment lang nach. Dann fällt ihr „Dornhäschen", ihr Lieblingsfilm, ein.

„Ich möchte eine Prinzessin sein!", ruft sie. „Das ist das perfekte Kostüm, auch weil es meine Party ist!" Malte liebt Western, deshalb möchte er Cowboy werden.

Aber Max hat keine einzige Idee, als was er sich verkleiden soll. Die Party rückt immer näher und alle anderen wissen schon, als was sie sich verkleiden.

An Saras Geburtstag klopft es an der Tür. Sara öffnet und schreit erschrocken auf.

„Grrr!", knurrt Max. „Ich bin's nur! Alle anderen kommen als Helden, also dachte ich, dass ich mich als Bösewicht verkleide!"

„Eine super Idee, dieses Fuchskostüm!", lacht Malte.

# Eine neue Freundin

Amelie fühlt sich sehr allein. Sie ist neu an der Schule und kennt niemanden. Es gibt so viele Häschen, aber sie ist viel zu schüchtern, um auf die anderen Häschen zuzugehen. In der Pause scheinen alle einen Spielkameraden zu haben – nur Amelie ist allein. Traurig setzt sie sich unter einen Baum. Bald setzt sich ein anderes Mädchen neben sie. Es sieht auch unglücklich aus.

Schließlich nimmt Amelie all ihren Mut zusammen und spricht das Häschen an.

„Was ist denn mit dir?", fragt sie ganz leise.

„Ich habe niemanden, mit dem ich spielen kann", antwortet das Mädchen. „Ich bin neu hier."

„Ich auch!", lacht Amelie. „Wollen wir Freunde sein?"

Das andere Häschen springt auf. „Mein Name ist Lina! Und wie heißt du?"

„Amelie", sagt sie. „Was möchtest du spielen?"

Da ist ihre Einsamkeit schnell vergessen, denn sie hat jetzt eine neue beste Freundin!

# Noah, der Astronaut

„Bereite mich auf den Start vor. Drei … zwei … eins … Start!"
Noah wird einer der ersten Hasen auf dem Mond sein. Durch das Fenster seines Raumschiffs sieht er Sterne an sich vorbeischießen. Unter ihm ist eine kleine, weit entfernte Erde.
Plötzlich hört Noah, wie sich die Bodenbesatzung meldet.
„Noah! Noah! Pass auf!"
Noah schreckt auf und öffnet die Augen. Seine Lehrerin, Frau Zobel, steht vor seinem Tisch und sieht ziemlich wütend aus.
„Entschuldigung!", sagt Noah und setzt sich gerade hin. Er schaut wieder zum Fernseher, denn sie sehen eine Dokumentation über den Weltraum. „Ich muss geträumt haben! Ich war ein Astronaut, der durch das All reist!"
„Mein Lieber!", lacht Frau Zobel. „Du wirst niemals in den Weltraum kommen, wenn du in der Schule nicht aufpasst! Astronauten müssen sehr klug sein!"
Seitdem passt Noah im Unterricht immer sehr gut auf. Und ratet mal, was aus ihm wird, wenn er erwachsen ist – ein berühmter Astronaut!

# Majas Kaninchenbau

Das Eichhörnchen Klara besucht das Häschen Maja. Maja wischt gerade Wasser in ihrem Kaninchenbau auf.

„Der Sturm letzte Nacht hat große Schäden angerichtet!", sagt sie. „Der Wind hat all den Regen unter meiner Haustür hindurchgeweht!"

„Würdest du in einem Baum leben, hättest du dieses Problem nicht!", lacht Klara. „Es bleibt immer trocken!"

„Ich habe noch nie von einem Hasen gehört, der in einem Baum lebt", sagt Maja. „Aber ich werde es ausprobieren!"

Also gehen die beiden zu Klara nach Hause. Als sie die Stufen hinaufklettert, kommt es Maja sehr weit vor. Aber als sie oben sind, ist es warm und gemütlich und nirgends ist ein einziger Tropfen Regen zu sehen.

Plötzlich ziehen wieder dunkle Wolken auf und es stürmt. Der Baum schwankt und erbebt im Wind.

„Ich glaube, ich bleibe doch lieber unten in meinem Kaninchenbau!", sagt Maja erschrocken. „Dein Zuhause ist vielleicht trockener, aber dafür bewegt sich meines nicht!"

# Ein gutes Versteck

Andi und seine Freunde spielen Verstecken. Zum Glück kennt Andi ein sehr gutes Versteck. Er schleicht sich davon und versteckt sich unter einigen Brombeersträuchern am Waldrand.

„Hier findet mich niemand!", denkt er und wartet.

Und er hat Recht. Er wartet und wartet, aber niemand kommt. Es wird schon langsam dunkel und Andi fragt sich, ob sein Versteck vielleicht zu gut ist! Hier am Waldrand gibt es gruselige Schatten und schaurige Geräusche. Andi denkt darüber nach, was für schreckliche Dinge im Wald auf ihn lauern.

Die Geräusche werden immer lauter und Andi versucht, sich so klein wie möglich zu machen. Plötzlich hört er eine Stimme, die er kennt.

„Papa!", schreit er und springt aus seinem Versteck. „Du bist der Einzige, der mich gefunden hat!"

Papa umarmt ihn. „Nach Sonnenuntergang hat ein kleines Häschen im Wald nichts mehr verloren! Komm, wir gehen nach Hause!"

# Der Hüpfwettbewerb

„Ich kann viel weiter hüpfen als du!", gibt Robin Hase vor Christopher Frosch an.

„Ich wette, das kannst du nicht!", quakt Christopher.

Also machen die beiden einen Wettbewerb, wer am weitesten hüpfen kann. Robin gewinnt eindeutig.

„Ich wette, dass ich auch schneller hüpfen kann als du!", sagt er herausfordernd. „Lass uns ein Rennen auf dem Feld machen!"

Natürlich gewinnt Robin schon wieder und das macht seine Angebereien noch schlimmer!

Schließlich kann Christopher es nicht länger mit anhören und er sagt: „Ich kenne einen Platz, an dem du nicht hüpfen kannst!" Er lächelt dabei. Dann hüpft er auf ein großes Seerosenblatt, das im Teich treibt. Ohne nachzudenken folgt Robin seinem Freund. PLATSCH! Robin ist viel schwerer als Christopher und versinkt bis zur Hüfte im Teich. Christopher fängt an zu lachen und auch Robin muss lachen.

„Das ist die gerechte Strafe für meine Angebereien!", sagt er. „Aber jetzt hüpfe ich nach Hause, um mich abzutrocknen!"

# Das schönste Bild

Amy ist eine große Malerin und stellt viele Bilder in Galerien aus. Sie hat eben ein Bild vom Fluss fertiggemalt, als Peter vorbeikommt. Peter kaut wie immer auf einer großen Karotte herum und das macht Amy sehr hungrig.

„Ich wünschte, ich könnte genauso gut malen wie du!", sagt Peter bewundernd.

„Ich bin sicher, du kannst das auch, wenn du es versuchst!", antwortet Amy. „Du kannst auf meiner Staffelei malen, während ich kurz nach Hause gehe, um etwas zu essen!"

„Glaubst du wirklich, dass ich genauso gut malen kann wie du?", fragt Peter.

„Natürlich", sagt Amy. „Du musst nur etwas sehr Schönes malen und der Ausblick hier ist wunderschön!"

Peter lächelt, packt seine angeknabberte Karotte in die Tasche und fängt an zu malen. Kurz darauf ist Amy wieder zurück.

„Ich bin gerade fertig geworden!", freut sich Peter. „Gefällt es dir? Für mich ist eine große, leckere Karotte das Allerschönste!"

# Schöne Hasenohren

Jasmin hat lange Ohren. Sie sind so lang, dass sie ihr häufig über die Augen fallen und sie deshalb überall anstößt.

Alle anderen Häschen haben kurze Ohren. Viele von ihnen lachen Jasmin aus.

„Langohr! Langohr!", rufen sie ihr dann hinterher.

„Ich wünschte, ich hätte so kleine Ohren wie du!", sagt Jasmin zu ihrer Freundin Melanie. „Dann wäre ich genau wie alle anderen und niemand würde über mich lachen!"

Aber Melanie findet Jasmins Ohren schön. Sie hat eine gute Idee. Melanie geht ins Haus und holt ein Kästchen voller Bänder in allen möglichen Farben. Sie nimmt das allerschönste Schleifenband, ein rosa gepunktetes. Dann bindet sie das Band um Jasmins Kopf zu einer großen Schleife zusammen.

„So!", sagt sie, als sie fertig ist. „Jetzt bleiben deine Ohren dort, wo sie hingehören!"

Inzwischen tragen alle Hasenmädchen Schleifen, weil sie ihnen bei Jasmin so gut gefallen.

# Benni fährt Karussell

Benni geht heute auf den Jahrmarkt! Er hat schon vieles darüber von seinem großen Bruder Henry gehört und nun will er unbedingt Karussell fahren! Er ist sehr aufgeregt, als er das Karussell mit seinen glänzend bemalten Pferden sieht.

Als sie dort ankommen, rennt Benni sofort zu dem Karussell und klettert auf eins der Pferde.

„Warte auf mich!", ruft Henry, aber da hat die Fahrt schon begonnen. Das Karussell dreht sich und Benni findet es sehr lustig. Aber als es sich schneller zu drehen beginnt, ist ihm das nicht so geheuer.

Am liebsten würde er absteigen, aber das Karussell dreht sich immer schneller. Endlich wird das Karussell langsamer und als es anhält, sieht er seinen Bruder, der auf ihn wartet.

„Möchtest du noch einmal fahren?", fragt sein Bruder. Benni denkt kurz nach. Obwohl es ganz schön schnell war, hat es doch Spaß gemacht. Benni will eigentlich gleich noch einmal fahren, aber da warten auch schon seine Eltern auf ihn. Er erzählt ihnen stolz, dass er ganz alleine mit dem Karussell gefahren ist und freut sich schon auf den nächsten Jahrmarkt.

# Bauernhof-Geschichten

# Fiona gewinnt

Fiona hat genug von den anderen Tieren, die sie die ganze Zeit ärgern.

„Seht nur diese langen, wackeligen Beine!", lachen sie. „Mit solchen Beinen kannst du niemals am Rollschuhrennen in der Schule teilnehmen!"

Mama hat ihr zwei hübsche Rollschuhpaare gekauft – eines für die Vorderbeine und eines für die Hinterbeine. Aber jedes Mal, wenn sie versucht, damit zu fahren, geraten ihre Beine durcheinander.

„Wenn du immer fleißig übst", sagt Papa, „dann hast du bestimmt bald den Dreh raus."

Heute ist der Tag des Rennens. Der Schulleiter, Herr Hahn, gibt den Startschuss und alle Tierkinder sausen davon. Zuerst fährt Fiona langsam, aber schon bald fühlt sie sich sicherer. Dann hat sie den Ersten schon fast überholt und schließlich rollt sie als Siegerin ins Ziel. Sie ist so glücklich!

„Ich liebe meine langen Beine!", ruft sie. „Vielleicht werde ich später mal ein Rennpferd!"

# Ein uralter Hut

Im Frühling betrachtet der Bauer Mayer seinen alten Filzhut. Er sieht schon etwas schäbig aus. Der Hut hat Löcher und der Rand ist ziemlich verbeult. Er ist sehr, sehr alt und eigentlich kann man ihn nicht mehr tragen, nicht einmal bei der Feldarbeit.

„Ich sollte ihn wegwerfen und mir einen neuen kaufen", denkt er. „Oder aber ich hänge ihn erst einmal in die Scheune."

Als es wärmer wird, beginnen Herr und Frau Rotkehlchen, sich nach einem neuen Nistplatz umzusehen.

„Das ist perfekt!", sagt Herr Rotkehlchen aufgeregt, als er den alten Hut findet. Sie polstern ihn mit Reisig und weichen Federn aus. Dann legt Frau Rotkehlchen sechs hellgrüne Eier hinein und setzt sich auf sie, um sie warmzuhalten.

Ein paar Wochen später schlüpfen die Küken aus den Eiern. Frau und Herr Rotkehlchen sammeln eifrig Futter für ihre hungrige, kleine Familie. Als Bauer Mayer kommt, um seinen alten Hut wegzuwerfen, ist er überrascht.

„Wie wunderbar!", lächelt er. „Dieser Hut ist immer noch sehr nützlich. Jetzt gehört er den Vögeln."

# Tobis geheimes Talent

Der Kater Tobi sieht wie eine typische Bauernhofkatze aus. Er hat lange Krallen und scharfe, weiße Zähne, die glänzen, wenn er lächelt. Er stolziert tagsüber über den Hof, dehnt seine vielen Muskeln und sieht dabei sehr gefährlich aus. Alle Vögel und Mäuse haben große Angst vor ihm!

Aber Tobi ist keine gewöhnliche Bauernhofkatze. In Wahrheit hat er ein ungewöhnliches Geheimnis.

Das nächste Mal, wenn du den Bauernhof nachts, wenn alle anderen Tiere schlafen, besuchst und du mucksmäuschenstill bist, dann hörst du vielleicht das alte Lied:

„Tabbedi tab tab, tabbedi tab tab."

Denn wenn die Nacht hereinbricht, steppt Tobi am liebsten über den Hof. Und Stepptanzen ist nun wirklich nicht gerade normal für einen Kater, oder?

# Ich bin größer als du!

Charlie, das Küken, ist ein Wichtigtuer und größer und gieriger als alle anderen Küken. Beim Essen schubst Charlie die anderen immer aus dem Weg und verschlingt so viel Futter, wie er nur kann.

„Ich bin größer als du!", sagt er dann immer. „Ich muss mehr essen!"

Eines Tages findet Charlie eine schmale Spur aus Körnern quer über den Hof, die an einem Loch im Korb des Bauern endet.

„Das kann ich alles für mich alleine haben!", denkt er gierig. Er futtert sich den Weg entlang, bis er BUM! mit einer großen, dicken Gans zusammenstößt.

„Bleib weg von meinen Körnern!", faucht die große, herrische Gans und pickt nach ihm. „Ich bin größer als du. Ich muss mehr essen!"

Charlie versucht noch nicht einmal, etwas darauf zu erwidern, sondern rennt ängstlich, so schnell ihn seine Beine tragen, quer über den Hof. Seitdem fühlt Charlie sich nicht mehr ganz so groß und wichtig.

# Endlich Ferien!

Der Welpe Sam kann es kaum erwarten, bis das Schuljahr endlich zu Ende ist.

„Schule ist so langweilig!", beklagt er sich bei Mama. „Bald habe ich zwei ganze Wochen frei, um zu spielen. Ich werde dann den ganzen Tag von morgens bis abends spielen!"

Am letzten Schultag kommt er hüpfend von der Schule zurück, sein Schulranzen auf dem Rücken und ein großes Lachen im Gesicht.

„Ich bin zu Hause!", ruft er. „Jetzt geht's los!"

Am ersten Ferientag jagt er zuerst Enten und Hühner, dann schwimmt er im Fluss. Am zweiten Tag folgt er der Bauersfrau hinunter ins Dorf zum Einkaufen und am dritten Tag sieht er dem Bauern beim Heumachen zu. Am vierten Tag fühlt er sich etwas einsam – und sehr gelangweilt.

„Wann ist endlich wieder Schule, Mama?", fragt er. „Mir ist es hier so langweilig!"

# Antons Wecker

,,Du bist schon wieder zu spät!", sagt der Lehrer eines Morgens.

,,Das tut mir leid", sagt Anton.

,,Du brauchst einen Wecker!", sagt der Lehrer und damit hat er Recht.

Also geht Anton nach der Schule einen Wecker kaufen.

Am nächsten Morgen weckt ihn das laute Klingeln des Weckers. Er ist mit einem Ruck wach.

,,Hurra!", ruft er. ,,Heute komme ich nicht zu spät!" Und er läuft schnell zur Schule.

,,Ich bin eine halbe Stunde früher da", sagt Anton stolz, als er dem Lehrer begegnet.

,,Sehr gut!", lacht der Lehrer. ,,Aber es ist Samstag – heute ist gar keine Schule!"

Anton wird rot.

,,Das macht doch nichts", sagt sein Lehrer. ,,Du warst heute trotzdem pünktlich!" Und er kauft Anton zur Belohnung ein Eis.

# Papa macht alles wieder ganz

Christians Papa kann alles reparieren – Uhren, Radios, Fahrräder, egal was man ihm bringt, er kann es reparieren. Eines Tages spielt Christian mit einem großen roten Ballon, aber als der Ballon auf einem Nagel landet, platzt er mit einem lauten Knall. Christian ist nicht traurig, denn er weiß, dass Papa alles wieder ganz machen kann. Aber es erwartet ihn eine Überraschung.

„Ich fürchte, ich kann das nicht reparieren", sagt Papa traurig. „Manche Dinge kann man nicht reparieren."
Christian fängt an zu weinen, aber Papa sagt: „Ich weiß aber, was ich in Ordnung bringen kann: dein trauriges Gesicht." Er gibt Christian einen neuen roten Ballon und einen dicken Kuss. Christian ist wieder fröhlich – weil Papa irgendwie doch alles reparieren kann!

# Die drei Daisys

Eines Tages kommen vier neue Kühe auf den Hof. Drei von ihnen heißen Daisy, die vierte hat einen sehr ungewöhnlichen Namen.
 „Ich bin keine gewöhnliche Kuh, so wie ihr", sagt sie stolz. „Mein Name ist Henriette." Und sie läuft zum anderen Ende der Weide.
 Henriette weiß nicht, dass es am anderen Ende der Weide sehr matschig ist. Eben noch frisst sie zufrieden etwas Klee – und im nächsten Moment steckt sie schon im Schlamm fest.

„Hilfe!", muht sie. Blitzschnell eilen die drei Daisys ihr zu Hilfe. Sie bilden hinter Henriette eine Reihe und jede zieht die jeweils vordere Kuh am Schwanz. So ziehen sie Henriette mit vereinten Kräften aus dem Schlamm.

„Es tut mir leid, dass ich euch gewöhnlich genannt habe!", entschuldigt sich Henriette. „Ich werde schließlich nicht jeden Tag von drei Daisys gerettet!"

# Ein kleiner Fehler

Die Katze Tinka macht mit ihren kleinen Kätzchen zum ersten Mal einen Ausflug. „Bleibt bei mir!", sagt sie zu den kleinen, flauschigen Kätzchen.

Aber Paul, der Mutigste, sieht die Ente Jana im Gänsemarsch mit ihren Küken zum Teich watscheln. Die Küken sind klein, braun und flauschig, genau wie Paul! „Vielleicht ist das eine andere Katzenfamilie", denkt er und schließt sich dem Marsch an. „Ich folge ihnen, mal schauen, was passiert."

Als sie zum Teich kommen, springt die Ente Jana geradewegs ins Wasser, dicht gefolgt von ihren Küken und Paul.

„Hilfe!", ruft Paul, als er aus dem kalten Wasser krabbelt und sich trocken schüttelt. Er sieht den Küken zu, wie sie im Teich herumschwimmen und tauchen.

„Sie mögen zwar braun und flauschig sein", sagt er entschieden. „Aber sie sind überhaupt nicht so wie ich." Und er läuft zurück zu seiner Mama, wo er sich sicher und behütet fühlt.

# Thea Truthahn bleibt lange auf

Frau Truthahn ruft ihre Küken.

„Kommt, Kinder!", ruft sie. „Es ist Schlafenszeit!"

Doch Thea will nicht hören. Sie spielt einfach weiter. Frau Truthahn breitet ihre Flügel aus, sodass alle Küken darunterschlüpfen können. Sie sind bald eingeschlafen. Aber Thea spielt immer noch draußen.

Der Donner grollt, es blitzt und dicke Tropfen prasseln auf den Hof. Thea rennt zu Mama, um sich unter deren Flügeln zu verstecken, aber sie ist nass und kalt, wovon ihre Geschwister nicht gerade begeistert sind.

„Geh weg!", sagen sie und schubsen sie zurück in den Regen. „Du machst uns nass."

„Bitte, lasst mich rein!", bettelt Thea.

„Was für ein Glück, dass ich zwei Flügel habe", lacht Mama und hebt den anderen Flügel, damit Thea darunter schlüpfen kann. „Vielleicht tust du das nächste Mal besser, was ich dir sage."

Doch Thea hört sie nicht mehr. Sie ist schon fest eingeschlafen.

# Polly hat die beste Aussicht

Alle Tiere des Hofs beneiden Polly, das Schwein, um ihren Stall. Er ist warm und gemütlich und hellblau angestrichen. Doch Polly ist mit ihrem Zuhause nicht zufrieden. Sie möchte eine schöne Aussicht haben.

„Für dich ist das kein Problem", sagt sie zu Sven, dem Pferd. „Du bist so groß und hoch gewachsen, dass du allein schon von deiner Stalltür aus meilenweit sehen kannst."

Sven denkt lange über das, was Polly gesagt hat, nach. Er beschließt, sie mit einer Lösung für ihr Problem zu überraschen.

Am nächsten Tag, als Polly nicht da ist, findet er einen kleinen Holzstuhl in der Scheune und befestigt ihn auf dem Dach von Pollys Stall. Dann nagelt er einen alten Zaun als Leiter ans Dach.

Als Polly nach Hause kommt, ist sie begeistert. Jetzt kann sie den ganzen Hof überblicken!

# Zeit zum Picknicken!

Eines Morgens, als das Schwein Rosa gerade ein Schlammbad nimmt, streckt das Kalb Charlie seinen Kopf über die Mauer.

„Vergiss das Picknick nicht!", sagt er und geht weiter.

„Mist!", grunzt Rosa. „Das bedeutet, ich muss mich sauber machen. Da bleibe ich lieber hier im Schlamm!" Rosa denkt nicht mehr an Charlie und macht sich fröhlich weiter schmutzig. Es gibt nichts, was sie lieber mag!

Auf dem Hof ist es leise geworden und Rosas Bauch beginnt zu knurren. Sie denkt an all die anderen Tiere, die nun das tolle Picknick machen, und wünscht sich, sie hätte sich rechtzeitig fertig gemacht.

In diesem Moment beginnt es zu regnen. „Was für ein Glück!", ruft Rosa. „Der Regen wäscht mich schnell sauber." Auf einmal ist Rosa so pink, wie es ein Schwein nur sein kann. Dann geht sie zur Scheune, wo sich die anderen untergestellt haben.

„Komm!", rufen sie. „Jetzt, wo der Regen aufgehört hat, können wir essen!"

Und dann genießen alle gemeinsam ein wunderbares Picknick.

# Mira, das hochmütige Schaf

Mira, das Schaf, liebt ihren weichen, krausen Wollmantel. Als der Frühling kommt und der Bauer die Schafe scheren will, ist Mira nicht begeistert.

„Ich möchte nicht geschoren werden", sagt sie entschlossen. „Selbst wenn es heiß wird."

„Aber deine Wolle wird dazu benutzt, Jacken und Pullis zu stricken", sagt ihre Schwester.

„Das ist mir egal!", antwortet Mira. „Meine Wolle ist mir dafür zu schade!" Sie bettelt und bittet, sodass der Bauer schließlich nachgibt.

„Na gut!", sagt er. „Behalte deinen Wollmantel. Hoffentlich bereust du es nicht!" Bald wird es Sommer. Die Sonne scheint und es ist sehr heiß.

„Mir ist so heiß und ich schwitze", beschwert sich Mira. „Ich wünschte, ich könnte meine Wolle ausziehen!"

„Ich dachte, du wolltest sie behalten?", sagt da ihre Schwester.

„Ich war so dumm!", gibt Mira zu. „Nächstes Frühjahr werde ich mich daran erinnern, wie heiß mir jetzt ist, und ich werde die Erste beim Scheren sein!"

# Tommy, die einsame Kröte

Tommy, die Kröte, lebt im Teich des Bauernhofs. Eines Tages fischen die Kinder des Bauern, Lucy und Florian, im Teich. Dabei fangen sie Tommy in einem Netz.

„Iiih!", ruft Lucy, als sie Tommy sieht. „Was für ein hässliches, ekelhaftes, braunes Ding!" Tommy springt aus dem Netz.

„Ich wünschte, ich wäre nicht so hässlich", seufzt er, während er sein Spiegelbild im Teich betrachtet. „Mich wird nie jemand lieben!" Tommy beschließt, sich auf dem Grund des Teiches zu verstecken. Aber als er so im Wasser umherschwimmt, kommt er an einer anderen Kröte vorbei. Sie ist pummelig und braun, genau wie er.

„Hallo", sagt sie. „Ich bin neu in diesem Teich. Ich heiße Anastasia."

"Hallo", sagt Tommy offenherzig. "Du bist sehr hübsch!"

"Und du bist der schönste Kröterich, der mir je begegnet ist!", antwortet Anastasia schüchtern. Und sie hüpfen davon und leben glücklich bis an ihr Lebensende.

# Monas lang ersehnter Brief

Früh am Morgen bringt Herr Ente die Post zum Bauernhof.

Und jeden Morgen kommt Mona, die Eselin, zum Tor getrabt, um ihn mit den anderen Tieren dort zu empfangen.

„Ist ein Brief für mich dabei?", fragt sie dann.

„Tut mir leid! Heute nicht", antwortet er immer.

Jeden Tag kommt sie zum Tor, aber nie ist auch nur ein einziger Brief für sie dabei.

Schließlich fragt sie gar nicht mehr nach. Sie sieht nur noch den anderen Tieren zu, wie sie ihre Post öffnen. Dann, eines Tages, ruft Herr Ente plötzlich: „Hallo Mona! Möchtest du deinen Brief etwa nicht abholen?"

Monas Herz macht einen Freudensprung. „Für mich?", ruft sie.

„Ja, und von weit her, aus Australien!", sagt Herr Ente.

Mona reißt schnell den Umschlag auf. „Meine Schwester kommt zu Besuch!", ruft sie begeistert.

Mona freut sich sehr über ihren Brief. Und alle Tiere sind sich einig, dass das der aufregendste Brief ist, der je den Bauernhof erreicht hat.

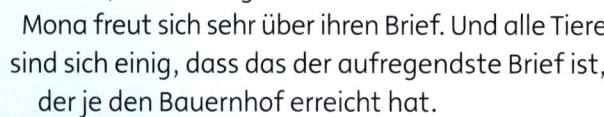

# Emils Apfelernte

Der Stier Emil ist das größte Tier auf dem Hof. Aber er ist auch das ungeschickteste. Er tritt niemandem absichtlich auf die Füße oder macht Dinge kaputt – er ist einfach nur sehr groß und schwer.

Eines Tages schlendert Emil verträumt durch die Gegend, als er BUMM! gegen den Apfelbaum von Frau Henne läuft. Alle Äpfel fallen vom Baum.

„Oh nein!", ruft Emil. „Was soll ich bloß tun?"

Er überlegt, ob er die Äpfel einfach wieder an den Baum kleben könnte, als Frau Henne aus dem Hühnerstall herbeieilt.

„Danke, dass du meine Äpfel gepflückt hast", gackert sie. „Ich komme nämlich nicht an sie ran."

Als Dankeschön backt Frau Henne den größten Apfelkuchen, den Emil je gesehen hat – groß genug, um das größte Tier auf dem Hof satt zu machen.

# Lucie fliegt zu weit

Lucie, die Biene, ist so sehr damit beschäftigt, Blütenstaub zu sammeln, dass sie nicht bemerkt, wie sie sich immer weiter von zu Hause entfernt.

„Wo bin ich?", fragt sie sich verwundert und schaut sich um. Alles, was sie sehen kann, sind Blumen. Genau in diesem Moment kommt Paul, das Küken, um die Ecke gehüpft.

„Ich lebe im Obstgarten", erzählt Lucie. „Aber ich weiß nicht, wie ich nach Hause komme."

„Mach dir keine Sorgen!", sagt Paul. „Ich zeig dir den Weg!" Also fliegt Lucie hinter Paul her.

Nach kurzer Zeit erreichen sie den Bienenstock im Obstgarten.

Plötzlich springt ein Hund vor ihnen auf den Weg und bellt Paul an.

„Hau ab!", ruft Lucie wütend und fliegt um den Kopf des Hundes. Der Hund lässt sich das nicht zweimal sagen! Er hört auf zu bellen und rennt schnell davon.

„Danke, dass du mich beschützt hast!", sagt Paul.

„Du hast mir doch auch geholfen!", lächelt Lucie. „Möchtest du vielleicht zum Tee bleiben? Ich habe leckeren Honig da." Wie könnte Paul da Nein sagen?

# Die Kratzekatze

Matilda ist ein kleines Kätzchen. Ihre Krallen sind so spitz wie Nadeln! Immer wenn ihre Besitzerin, Daisy, versucht, sie hochzuheben, kratzt Matilda sie und faucht.

Eines Tages läuft Matilda davon und macht sich auf die Suche nach jemandem, den sie kratzen kann. Es dauert nicht lange, da sieht sie ein großes Pferd. Aber das Pferd sieht Matilda nicht und wäre fast auf sie getreten.

,,Hilfe!", schreit Matilda und rennt weg.

,,Alles in Ordnung?", fragt eine kleine Maus.

,,Natürlich!", faucht Matilda, während sie ihre Krallen ausfährt und versucht, gefährlich auszusehen.

Aber die kleine Maus lächelt. ,,Keine Angst!", sagt sie. ,,Ich tue dir nichts."

,,Aber ich vielleicht!", knurrt eine Stimme. Matilda sieht sich verängstigt um. Es ist ein riesiger Kater!

Plötzlich wird Matilda hochgehoben.

,,Armes Kätzchen!", sagt Daisy, scheucht den Kater davon und streichelt Matildas Fell.

Matilda schnurrt vor Erleichterung. Und seitdem versucht sie niemals wieder, jemanden zu kratzen!

# Acht arme, kleine Schweinchen

Heute ist ein sehr heißer Tag. Die kleinen Ferkel dösen im Stall.

„Ich gehe nur schnell etwas besorgen", sagt Mama Schwein zu ihnen. „Denkt daran, im Schatten zu bleiben, während ich weg bin. Eure Haut ist sehr empfindlich. Ihr könntet sehr leicht einen Sonnenbrand bekommen."

Sobald sie gegangen ist, flitzt Silas, das frechste der acht Ferkel, zu einem kleinen Fleck Sonnenlicht in der Mitte des Stalls.

„Auf!", ruft er. „Lasst uns ‚Fangen' spielen!"

Bald darauf haben die Ferkel viel Spaß beim Fangen und jagen einander aus dem Schatten des Stalles heraus und wieder hinein. Das Spiel ist aber sehr anstrengend und die acht kleinen Ferkel fallen nacheinander in einen tiefen Schlaf – und das mitten in der Sonne!

Als Mama Schwein nach Hause kommt, findet sie acht kleine Ferkel mit Sonnenbrand.

„Ich hatte euch doch gesagt, ihr sollt nicht in die Sonne gehen!", schimpft sie. Aber dann hat sie Mitleid mit ihnen und reibt ihre verbrannten Rücken mit einer beruhigenden Creme ein. Denn dafür sind Mütter nun einmal da!

# Leo, der Wachwelpe

Leo ist ein großer, freundlicher Welpe mit riesigen Pfoten und einem immer wedelnden Schwanz. Manchmal wedelt er so sehr damit, dass er die beiden kleinen Söhne des Bauern umhaut – aber Timmy und Tommy macht das nichts aus. Sie lieben Leo und schlafen häufig neben ihm ein.

„Leo ist ein richtiges Schoßhündchen", lächelt Mama. Eines Tages kommt ein hinterlistiger Fuchs auf den Hof und stiehlt ein Huhn. Als er sich davonschleichen will, trifft er zufällig Leo.

„Hallo!", grinst der fröhliche Welpe und wedelt so sehr mit seinem Schwanz, dass er den Fuchs damit umhaut. Der Fuchs lässt daraufhin das Huhn fallen und rennt weg. „Papa!", rufen Timmy und Tommy. „Leo hat einen Dieb gefangen!"

„Braver Hund!", sagt der Bauer und tätschelt Leo. „Leo ist vielleicht jetzt noch ein Schoßhündchen, aber er wird eines Tages ein guter Wachhund sein."

# Ein Fremder im Teich

Michael, das Entenküken, gleitet über den Ententeich, als er ein seltsames, grünes Geschöpf bemerkt.

„Was für ein seltsamer Fisch!", denkt er und erzählt seinen Geschwistern Tobi und Lilli davon.

„Da! Seht mal!", quakt er, als der seltsame grüne Fisch aus dem Wasser springt.

„Fische springen nicht!", sagt Tobi.

„Und sie haben auch keine Füße!", fügt Lilli hinzu. Also schwimmen sie zu Mama und erzählen ihr alles.

Aber Mama Ente lacht: „Das ist Freddie, der Frosch! Das letzte Mal, als ich ihn gesehen habe, war er noch eine kleine Kaulquappe, die sich zwischen den Schilfpflanzen herumtrieb. Warum fragt ihr ihn nicht, ob er mit euch spielen möchte?"

Also fragen sie Freddie.

„Sehr gerne!", quakt Freddie. Und den restlichen Nachmittag verbringen sie mit einem neuen Spiel, das Freddie ihnen beigebracht hat – Bockspringen.

# Die Suche nach einem Lieblingsplatz

Eines Tages sprechen die Kätzchen über ihre Lieblingsplätze, die sie um den Bauernhof herum entdeckt haben.

„Ich mag am liebsten die Scheune", sagt Minka. „Es macht Spaß, sich im Stroh zu verstecken!"

„Ich mag den Hof am liebsten!", sagt Schnurri. „Ich spiele gerne mit den Hühnern. Was ist mit dir, Klecks?"

Aber Klecks weiß es nicht. „Ich habe noch keinen gefunden", sagt er und schleicht verlegen davon.

„Wie findet man bloß seinen Lieblingsplatz?", fragt er sich.

Dann hat Klecks eine Idee. Er klettert den hohen Apfelbaum hinauf und schärft seine Krallen an der rauen Rinde. Dann streckt er sich an einem warmen sonnigen Ast aus und sieht hinunter auf den Hof.

„Ich bin sicher, dass ich meinen Lieblingsplatz von hier oben finden werde", sagt er. Und in diesem Moment fällt es ihm ein.

„Bin ich doof!", grinst er. „Ich hab meinen Lieblingsplatz doch schon gefunden! Er ist hier oben – wo ich den ganzen Hof überblicken kann."

# Niklas findet seine Stimme

Niklas ist der größte Hahn im Hühnerstall und er wird jeden Tag größer. Seine Beine werden länger, seine Federn weicher und auf seinem Kopf wächst ein schöner roter Hahnenkamm.

„Bald werde ich das lauteste Tier auf dem ganzen Bauernhof sein", sagt er zu jedem. Dann wirft er den Kopf in den Nacken ... und macht ein seltsames gurgelndes Geräusch.

Eines Morgens, als die Morgendämmerung hereinbricht, wacht Niklas auf. Er fühlt sich einzigartig, deshalb stolziert er über den Hof und klettert auf die Mauer. Er wirft seinen Kopf in den Nacken und ... kräht aus vollem Hals!

„KIKERI-KIII!"

Jetzt, wo er einmal angefangen hat, kann er nicht mehr aufhören. „KIKERI-KIII!", kräht er, immer und immer wieder.

Die anderen Tiere versammeln sich um ihn und reden aufgeregt durcheinander.

„Niklas ist erwachsen geworden!", rufen sie. Niklas ist sehr stolz.

# Tabeas altes Fahrrad

Tabea, das Pony, hat ein altes Fahrrad, das dringend neu lackiert werden muss. Sie kann sich aber nicht für eine Farbe entscheiden.

„Lackier es grün", sagt Malea, das Schaf. „Grün wie Gras – lecker!"

„Nein, nein, nein", quiekt Margarethe, das Schwein. „Pink ist am schönsten – Schweine sind pink!"

„Blau!", ruft Herr Ente. „Wie der Teich!"

„Es sollte gelb sein", sagt Lotte, das Küken. „Genau wie meine weichen Federn."

Sie können sich einfach nicht einigen und Tabea ist sehr verwirrt. Plötzlich hat sie eine Idee. Sie geht mit ihrem Farbpinsel weg, ohne auch nur ein Wort zu sagen.

Alle sind sehr überrascht, als Tabea zurückkommt, um ihnen das Fahrrad zu zeigen. Es ist rot und hat einen grünen Lenker, pinke Pedale, einen blauen Sitz und gelbe Räder. Jetzt kann jeder zufrieden sein!

# Alles Gute, Mila!

Heute ist Milas Geburtstag. Die kleine Ente will eine Schwimmfeier für alle ihre Entenfreunde veranstalten. Aber Mila ist traurig.

Nun, ihr mögt euch wundern, warum, aber der Grund ist sehr einfach. Entchen lieben Regen – besonders, wenn sie schwimmen – und leider scheint die Sonne an diesem Morgen.

„Niemand wird mehr kommen wollen!", jammert Mila.

„Kopf hoch!", tröstet Mama sie. „Vielleicht regnet es ja später. Wir fragen mal die anderen Tiere, was sie so denken." Aber niemand weiß, wie das Wetter wird.

Dann sieht Mama Frau Kuh auf der Wiese liegen. Alle anderen Kühe liegen auch im Gras.

„Was ist denn los?", fragt sie besorgt. „Fühlt ihr euch nicht gut?"

„Nein!", antwortet Frau Kuh und lacht. „Kühe legen sich immer hin, wenn es bald regnet."

Und tatsächlich – am Nachmittag regnet es wie aus Eimern und Milas Party ist ein voller Erfolg.

„Wie klug die Kühe doch sind!", quakt sie.

# Die ganz besondere Kuh

Butterblume, die Kuh, ist sehr gelangweilt.

„Es muss doch etwas Aufregenderes geben, als den ganzen Tag Gras zu fressen und Milch zu geben", seufzt sie, klimpert mit ihren langen Wimpern und bewundert ihre schönen Hufe.

„Unsinn!", muht Mama. „Milchgeben ist das, was Kühe nun einmal am besten können."

„Aber ich möchte irgendetwas Besonderes machen!", erwidert Butterblume. „Ich möchte bemerkt werden!"

Am nächsten Tag, als die Kühe gemolken werden, fährt eine große, schwarze Limousine auf den Hof. Ein Mann mit einem großen Hut steigt aus. Er zeigt sofort auf Butterblume.

„Oh, was für schöne, lange Wimpern und zierliche Hufe", ruft er entzückt. „Du bist die perfekte Kuh für meinen neuen Film. Komm mit mir, Butterblume, und ich werde aus dir einen Star machen!"

Und weißt du was? Er macht aus Butterblume wirklich einen Star! Zuerst bringt er sie zu seinem Filmstudio, wo sie ein paar Probeaufnahmen machen, und jetzt ist sie ein Fernsehstar! Das nächste Mal, wenn du eine Kuh im Fernsehen siehst, betrachte sie ganz genau! Wenn sie lange Wimpern und schmale Hufe hat, dann ist es Butterblume, die ganz besondere Kuh!

# Lisa lernt ihre Lektion

Das Lamm Lisa verbringt viele Stunden damit, sich selbst im Teich zu betrachten. Sie spielt nie mit den anderen Lämmern.

„Ich möchte mich nicht schmutzig machen", erklärt sie ihnen und hebt ihr hübsches Näschen.

Eines Tages betrachtet sich Lisa wieder im Wasser. Sie sieht, wie ein kleines Lamm herbeispringt, das genauso süß ist wie sie.

„Hallo", sagt sie und dreht sich zu dem kleinen Lamm um. Aber als sie sich umdreht, rutscht sie aus und landet mit einem lauten PLATSCH! im Wasser.

„Oh, arme Lisa", rufen die anderen Lämmer und versuchen, nicht zu lachen.

Lisa sieht wieder ihr Spiegelbild an.

„Ich sehe aus wie ein begossener Pudel!", ruft sie entsetzt, aber dann fängt sie an zu lachen. Alle anderen lachen mit ihr. Seit diesem Tag verschwendet Lisa nicht mehr ihre Zeit damit, ihr Spiegelbild im Teich anzustarren. Dafür hat sie viel zu viel Spaß mit ihren neuen Freunden.

# David rettet die Hühner

Früh am Morgen schlummert David in seiner warmen Hundehütte, als er plötzlich aus dem Schlaf gerissen wird! Die Hühner im Hühnerstall machen einen Riesenlärm. David schnüffelt. Er wittert einen Fuchs! Hier auf dem Hof! In Windeseile saust er zum Hühnerstall.

„Lass die Hühner in Ruhe!", bellt er, während er bedrohlich knurrt. Das lässt sich der Fuchs nicht zweimal sagen. Er sieht den Hund und ergreift blitzschnell die Flucht.

In diesem Moment kommt der Bauer im Schlafanzug aus dem Haus.

„Alles in Ordnung, Mädels!", sagt er zu den Hühnern. „Ihr könnt wieder schlafen gehen. Der Fuchs wird euch nicht mehr belästigen."

Als David am nächsten Morgen aufwacht, atmet er die Morgenluft tief ein.

Und was riecht er diesmal? Einen großen, saftigen Knochen draußen vor seiner Hütte. Das ist ein Geschenk vom Bauern, weil er so ein guter Wachhund ist.

# Der Blumenregen

Natalie und Thomas freuen sich sehr auf ihr Geburtstagspicknick.

„Es ist so toll, dass Onkel Frank ein Feuerwerk macht!", sagt Natalie. „Ich hoffe, dass es nicht regnet!"

In diesem Moment kommt Onkel Frank. „Ich habe Feuerwerkskörper mitgebracht", sagt er. „Seid ihr bereit?"

Natalie und Thomas nicken. „Glaubst du, es regnet später?", fragen sie ihn.

„Das hoffe ich doch sehr!", antwortet Onkel Frank mit einem Augenzwinkern.

Die Zwillinge sehen sich an und runzeln die Stirn. Was meint er wohl damit?

Während Natalie und Thomas das Picknick vorbereiten, pflückt Onkel Frank ein paar Blumen. Dann baut er das Feuerwerk auf, aber zeigt den Zwillingen nicht, was er damit gemacht hat.

WUSCH! Die erste Rakete schießt in die Luft, sie zieht eine Spur bunter Blumen hinter sich her und als die Rakete am Himmel explodiert, regnet es Blumen.

„WOW!", rufen die Zwillinge verblüfft.

„So kann es die ganze Nacht lang regnen!"

# Die gierige Bertha

Das Schwein Martha teilt sich den Stall mit einem viel dickeren Schwein namens Bertha. Sie kommen eigentlich gut miteinander aus – außer in einem Punkt. Bertha ist sehr gierig. Zur Essenszeit rafft sie immer das beste Essen zusammen und Martha fühlt sich sehr benachteiligt.

„Das ist ungerecht!", schimpft Martha. „Was ist mit mir?"

„Ich bin das größte Schwein. Also brauche ich mehr Futter!"

Eines Tages zur Essenszeit gibt es Futter mit dicker roter Marmelade obendrauf.

„Lecker!", ruft Bertha und sie schubst Martha zur Seite und schlingt es in sich hinein. Aber sie bemerkt die Wespe nicht, die auf der Marmelade sitzt.

„BIZZZZ!", summt die Wespe wütend und sticht Bertha genau in die Nase.

„AUA!", quietscht Bertha. „Warum hat sie mich gestochen?"

„Vielleicht weil sie die Marmelade nicht mit dir teilen wollte", antwortet Martha.

„Das ist gierig!", ruft Bertha aufgebracht. Dann wird sie rot, als sie bemerkt, was sie da gesagt hat. Seitdem teilt Bertha immer mit ihrer Freundin Martha.

# Rex auf Spurensuche

Frau Schaf hat ihr kleines Lamm Lilli verloren.
„Ich habe mich nur kurz umgedreht", erklärt sie Hannes, dem Ziegenbock, besorgt. „Sie ist doch noch ein Baby! Was soll ich nur tun?"
„Ich habe eine Idee!", antwortet Hannes. Und er rennt zum Hirtenhund Rex, der gerade in der Sonne schläft. „Komm schnell!", ruft Hannes. „Du musst uns helfen, Lilli zu finden." „Aber ich kann Schafe nur hüten!", bellt Rex. „Ich weiß nicht, wie man sie findet. Ich bin kein Spürhund."

Er will ihnen aber trotzdem helfen, also beginnt er, mit der Nase am Boden zu schnüffeln. Plötzlich nimmt er einen tiefen Atemzug und rennt davon. Wenig später hört Frau Schaf ein lautes Bellen und ein leises Blöken. Rex hat das Lamm gefunden und treibt es zurück zur Herde.
„Ich wusste, dass du es schaffst!", sagt Hannes. „Du kannst stolz auf dich sein!"

# Ich habe meine Mama verloren!

Die kleine Ente Tina sitzt in einer Ecke und versucht, nicht zu weinen.

„Ich will zu meiner Mama!", schluchzt sie. „Wenn ich nur fliegen könnte, dann könnte ich alles von oben überblicken und sie finden. Aber meine Flügel sind zu klein!"

„Vielleicht kann ich es dir beibringen", sagt Erwin, das Schwein, hoffnungsvoll. „Ich bin mir sicher, dass du nur mit den Flügeln schlagen musst. Warum probierst du es nicht einfach aus?"

Also springt Tina auf den Zaun und flattert mit ihren kleinen, weichen Flügeln.

Für einen kurzen Moment schwebt sie in der Luft, aber dann fällt sie hinunter und landet mit einem PLATSCH! im Teich.

„Tina!", ruft Erwin und schaut ins Wasser. „Alles in Ordnung?"

Dann hört er Tinas Stimme. „Erwin! Ich habe meine Mama gefunden!"

Und dann sieht Erwin Tina mit all ihren Geschwistern und mit Mama im Teich schwimmen.

„Ich kann vielleicht nicht fliegen", sagt sie stolz. „Aber schwimmen kann ich!"

# Sebastian verläuft sich

„Wir gehen zum Grasen hinauf in die Berge", erzählt Mama Schaf ihren Lämmern an einem schönen Frühlingstag. „Passt auf, dass ihr immer direkt hinter eurem Vorderschaf lauft, sonst geht ihr vielleicht verloren!"
Arne, der Schäferhund, passt auf sie auf und führt den Zug an. Aber Sebastian, das Lamm, hat ganz andere Sachen im Kopf. Auf halbem Weg springt er davon, um alles alleine zu erkunden.
„Komm zurück!", ruft Mama, aber er hört nicht auf sie. Nach ein paar Minuten sieht er sich um und kann niemanden mehr sehen. Da bekommt Sebastian Angst.
„Oh, nein!", jammert er. „Hätte ich doch nur auf Mama gehört!" Aber dann sieht er Arne, den Schäferhund, auf sich zurennen. Er war noch nie in seinem Leben so froh, den alten, griesgrämigen Hund zu sehen.
„Komm mit!", bellt er. „Jetzt machen wir eine lustige Polonaise!" Und dieses Mal bleibt Sebastian bei den anderen.

# Die Geschichte vom Meerschwein

Manchmal landet Martin, die Möwe, beim Schweinestall, um Geschichten vom Meer zu erzählen. Penny, das Schwein, liebt diese Geschichten. Sie sitzt dann mit leuchtenden Augen da und hört Martin zu.

Eines Nachts hört Penny eine Stimme in ihrem Ohr flüstern: „Schwimm!"

Also macht Penny mit den Beinen Schwimmbewegungen. Plötzlich ist sie tief unten im Meer und schwimmt neben einem anderen kleinen Schweinchen, das einen Fischschwanz hat!

„Ich bin ein Meerschwein!", sagt das Geschöpf.

Zusammen erkunden sie den Ozean. Sie schwimmen zusammen mit Fischen und beobachten erstaunte Krabben, die auf dem Grund herumkrabbeln.

„Jetzt muss ich dich nach Hause bringen", sagt das Meerschwein traurig. Und dann gibt sie Penny noch eine wunderschöne Muschel.

Am nächsten Tag erzählt Penny ihrer ganzen Familie von dem Abenteuer, aber niemand will ihr glauben.

„Es gibt keine Meerschweine", sagen sie. Aber Penny weiß es besser. Sie lächelt und hält die Muschel ganz fest in ihrer Hand.

# Wem gehört das Ei?

Es ist Zeit, schlafen zu gehen, aber Beate und Camilla haben Streit.

„Es gehört mir!", kreischt die eine.

„Nein, es gehört mir!", brüllt die andere.

„Was ist denn los?", fragt Erhard, der Hahn.

„Sie hat mein Ei gestohlen!", ruft Camilla.

„Nein, sie hat mein Ei gestohlen!", schreit Beate wütend. Und die beiden Hennen fangen wieder an, sich zu schubsen und zu streiten, während beide versuchen, sich auf das Ei zu setzen.

„Hört sofort auf! Sonst macht ihr das Ei noch kaputt!", ruft Erhard.

Camilla springt sofort zur Seite.

„Oh!", gackert sie besorgt. „Daran hatte ich nicht gedacht!"

Da setzt sich Beate triumphierend auf das Ei. „Ich habe gewonnen!", ruft sie.

Erhard räuspert sich. „Ki-ke-ri-ki!", kräht er. „Beate, geh von dem Ei runter. Camilla sorgt sich mehr um das Ei als du, also gehört es jetzt ihr!"

„Das ist sehr weise, Erhard!", jubeln die anderen Hennen und setzen sich auf ihre Nester, um endlich friedlich schlafen zu können.

# Peter geht baden

Peter ist Judiths frechstes Küken. Eines Tages spielt er mit den Entchen Bastian und Emmi „Verstecken", als ihre Mama sie zum Essen ruft. Seine beiden Freunde springen in den Teich und schwimmen nach Hause.

Peter sieht ihnen nach. „Das scheint Spaß zu machen", denkt er und springt hinterher.

„Brrr! Ist das kalt!", bibbert er und beginnt plötzlich zu sinken.

„Hilfe!", schreit er verzweifelt. Er hatte noch niemals solche Angst!

Dann fühlt Peter, wie ihn etwas aus dem Teich hebt. Es ist die Mama von Emmi und Bastian.

„Du Dummerchen!", sagt sie und fährt mit dem Schnabel durch seine nassen Federn. „Enten können schwimmen, aber Hühner nicht!"

Dann kommt Judith und nimmt ihn unter ihren Flügel, damit er trocknet.

„Mama, kannst du mich immer trocken halten? Ich mag nicht so gern nass sein!", sagt Peter verschmitzt.

# Die Weihnachtsschlittenfahrt

Zu Weihnachten bekommt Finn, der Truthahn, einen roten Schlitten.

„Toll!", sagt er aufgeregt. „Aber wofür ist das?"

Mama lächelt. „Du trägst ihn auf die Spitze eines Hügels, setzt dich darauf und saust bis ins Tal hinunter."

„Wow!", sagt Finn. Dann rennt er raus, um ihn auszuprobieren.

Eine Stunde später kommt er wieder. Er sieht enttäuscht aus. „Der Schlitten funktioniert nicht!", sagt er traurig.

„Du Dummerchen!", sagt Mama. „Du musst warten, bis es geschneit hat!"

In dieser Nacht fällt tatsächlich Schnee und der Bauernhof und die Hügel sehen aus, als wären sie mit Puderzucker bestreut. Mama und Finn gehen wieder auf den Hügel. Als sie ganz oben sind, setzt sich Finn auf seinen Schlitten und saust hinunter.

„Huiii!", jubelt er, als er am Ende des Hügels ankommt. „Das will ich noch mal machen."

# Wo ist mein Knochen?

Fridolin hat seinen Lieblingsknochen verloren.
„Ich weiß genau, dass ich ihn hier irgendwo vergraben habe!", bellt er und gräbt das Blumenbeet um. Da hört er einen Schrei. „Du böser Hund!", ruft Frau Pflaume und stürzt herbei. „Du kannst doch nicht einfach meinen Garten umgraben!"
Fridolin versteckt sich in der Scheune, während Frau Pflaume die Pflanzen wieder einsetzt.
„Ich bin mir sicher, dass ich ihn im Blumenbeet vergraben habe!", denkt er. Also wartet er, bis Frau Pflaume gegangen ist und fängt heimlich wieder an zu graben.

Plötzlich findet er etwas. Ist es sein Knochen? Nein, es sind verschiedene Dinge – hart und glitzernd und mit einem ekligen Geschmack!

„Du verfluchter Hund!", ruft Frau Pflaume. „Da sind keine Knochen mehr für dich!"

Sie bückt sich und hebt die harten, glitzernden Dinge hoch. Es sind Goldmünzen!

„Kluger Hund!", ruft sie begeistert. „Du hast einen vergrabenen Schatz gefunden! Wer hätte gedacht, dass wir einen Schatz im Garten haben?" Und sie nimmt alle Münzen mit in die Küche und kichert in sich hinein.

Am nächsten Tag gibt sie Fridolin auch einen Schatz – den größten, saftigsten Knochen, den er je gesehen hat!

# Tiger nimmt ein Bad

Die Katze Molly sitzt mit ihren Kätzchen auf der Mauer.
„Ich zeige euch, wie man sich wäscht", sagt sie. „Katzen waschen sich gerne, aber es braucht ein bisschen Übung, schaut mal zu!"

Drei der vier Kätzchen tun, was ihnen gesagt wurde, aber das vierte, es heißt Tiger, hat andere Sachen im Kopf. Tiger beobachtet zwei Vögel, die sich in einer Pfütze waschen. „Das sieht lustig aus!", denkt er. „Ich will das auch einmal ausprobieren."

Er springt von der Mauer und landet mit einem lauten PLATSCH! in der Pfütze.
„Oh, wie kalt!", jammert er. „Mein Fell ist ganz nass!"
„Du Dummerchen", lacht Mama. „Katzen mögen es nicht, nass zu werden!"
„Wie soll ich denn baden?", fragt Tiger verwundert.
„Katzen baden nicht!", sagt Mama und lächelt. „Sie lecken ihr Fell sauber. Jetzt sieh mir zu, wir fangen noch einmal an!"

# Die Getreidediebin

Die Hühner sind sauer. Irgendjemand stiehlt ihr Getreide.

„Wir müssen dem Dieb auflauern", sagt der General, der älteste Hahn auf dem Hof.

In dieser Nacht patrouillieren er und sein Sohn über den Hof, als sie ein scharrendes Geräusch hinter den Getreidesäcken hören.

„Schnell!", flüstert der General. „Da ist der Dieb!"

Sie räumen die Getreidesäcke aus dem Weg und leuchten mit einer Taschenlampe in die Ecke. Dort im Schein der Lampe sitzt Fabienne, das Huhn, und isst eine Schüssel mit Getreide.

„Ich bin so hungrig!", ruft die arme Fabienne. „Meine Brüder und Schwestern essen immer alles auf, bevor ich etwas bekomme."

Der General bringt Fabienne zurück zu ihren Eltern und sie müssen versprechen, dass sie ab jetzt immer als erstes Fabienne etwas zu essen geben.

# Die Milchshake-Kuh

Lucy, die Kuh, hat keine Lust mehr, immer nur Gras zu essen – besonders, wenn die Erdbeeren des Bauern so wunderbar rot und saftig aussehen. Sie schleicht über das Feld und schaut sich kurz um, ob sie auch niemand beobachtet.

,,Seht euch mein Erdbeerbeet an!", ruft der Bauer entsetzt, als er sieht, was Lucy getan hat. ,,Du hast alles zertrampelt und meine schönen Erdbeeren sind jetzt Matsch!"

Er wirft alle zerdrückten Erdbeeren in einen Eimer, um daraus Marmelade zu kochen. Dann geht er zum Händewaschen ins Haus.

In diesem Moment kommt die Bäuerin aus dem Haus, nimmt sich den Eimer und beginnt, Lucy zu melken. Sie hat die Erdbeeren im Eimer nicht gesehen.

,,Mein Gott!", ruft sie verwundert, als sie fertig ist und in den Eimer sieht. ,,Lucy hat so viele Erdbeeren gegessen, dass ihre Milch jetzt ein Erdbeermilchshake ist!"

Der Bauer muss lachen. Als er seiner Frau erklärt, was passiert ist, fängt auch sie an zu lachen. Dann trinken sie von dem Milchshake – er schmeckt wunderbar!

# Wie in alten Zeiten

Miriam, das alte Pferd, erzählt ihrer Urenkelin Meike alles über die Zeit, als sie noch die Kutsche und den Pflug des Hofs gezogen hat.

„Damals gab es noch keine Traktoren oder Autos", erklärt sie Meike.

„Ich würde gerne das Geschirr sehen, das du damals getragen hast und das Zaumzeug mit den Schleifen", sagt Meike aufgeregt. „Du musst wunderschön ausgesehen haben!"

Miriam lächelt. „Wart's nur ab, Meike!", sagt sie geheimnisvoll.

Am nächsten Morgen kommt der Bauer und bürstet Miriams Fell. Dann zieht er ihr ein Geschirr mit Glöckchen an, bürstet ihre Mähne, flechtet sie und bindet kleine Schleifen hinein. Sie bekommt auch Scheuklappen, um die Fliegen abzuhalten.

Meike sieht vergnügt zu. „Warum wirst du so schick gemacht?", fragt sie.

„Es ist Dorffest", antwortet Miriam. „Ich mache wie jedes Jahr bei der Parade mit. Komm mit und sieh es dir an!"

An diesem Nachmittag ist niemand so stolz auf Miriam wie Meike, ihre Urenkelin.

# Chaos im Kinderzimmer

Im Zimmer der Kätzchen herrscht eine fürchterliche Unordnung. Überall auf dem Boden liegen Kleider, nasse Bilder und Spielsachen herum, sodass man sich kaum bewegen kann!

„Ihr müsst unbedingt euer Zimmer aufräumen", schimpft Mama. „Aber jetzt habt ihr keine Zeit, ihr müsstet schon längst für Peters Geburtstagsfeier fertig sein! Ihr müsst bald gehen!"

„Wir wollen unsere neuen blauen Kleider mit den rosa Schleifen anziehen", sagen die Kätzchen. Aber sie können die Kleider nicht finden, so lange sie auch suchen. Das Zimmer ist einfach zu unordentlich.

Dann entdecken sie eine rosa Schleife unter einem Bücherstapel. Sie ziehen daran und ein altes Marmeladeglas mit Wasser fällt um – genau auf die neuen Kleider!

„Was für ein Pech!", sagt Mama. „Dann müsst ihr eure alten Kleider anziehen. Die passen euch auch noch."

Die Kätzchen gucken verlegen. „Jetzt wissen wir, warum es wichtig ist, sein Zimmer in Ordnung zu halten", miauen sie kleinlaut.

# Das Schubkarrenrennen

Es ist Spieltag auf dem Bauernhof und das Schubkarrenrennen zwischen den Enten und den Schweinen beginnt schon bald.

Die Enten sind sich sicher, dass sie gewinnen. Sie haben wochenlang geübt. Niemand weiß, dass die Schweine auf der Fahrbahn der Enten Traktorenöl verschüttet haben.

Das Rennen beginnt und alle Tiere jubeln.

Die Schubkarre der Enten geht schnell in Führung und dann – eine KATASTROPHE! Die Schubkarre rutscht auf dem Öl weg und wird in den Teich geschleudert. Die Schweine finden das sehr lustig … bis sie auch auf dem Öl ausrutschen und in den Teich fallen.

Die Ziegen, die das Rennen bewerten, entscheiden sich für ein Unentschieden. Der Preis – ein großes Glas Marmelade – geht an beide Mannschaften, nachdem sich die Schweine bei den Enten entschuldigt haben.

# Das Gespenst im Zelt

Alle Tierkinder sind für ein Wochenende mit ihrem Lehrer, Herr Ganter, zelten gefahren. Zuerst bauen sie ihre Zelte auf. Dann essen sie Bohnen aus dem Topf und erzählen sich Lagerfeuergeschichten. Manche der Geschichten sind sehr gruselig – sie handeln von Gespenstern im Wald.

Mitten in der Nacht hört Herr Ganter ein seltsames Geräusch. Er streckt den Kopf aus seinem Zelt und sieht … einen sehr großen, seltsamen Schatten, der zur Hälfte in einem Zelt steckt.

„Wer ist das?", ruft er und rennt hinüber.

Es ist Boris, der Stier. Er steckt zur Hälfte im Zelt und kommt nicht heraus.

„Ich hatte Angst vor den Gespenstern", erklärt er Herrn Ganter, nachdem der ihn befreit hat. „Ich wollte mich vor ihnen verstecken."

Herr Ganter lächelt. „Du bist jetzt in Sicherheit!", sagt er. „Ich passe auf dich auf!"

# Die kleine Ausreißerin

Eines Tages kommt ein seltsames Tier auf den Hof. „Ich bin Rosi, das Meerschweinchen!", stellt es sich vor.

„Ich finde, dass du wie ein Schwein aussiehst", sagt eine der Gänse. „Was machst du hier?"

„Ich wohne am anderen Ende der Straße", sagt Rosi. „Aber ich habe mein Zuhause verlassen. Kann ich bei euch wohnen?"

Frau Schwein lächelt. „Deine Mama wird sich Sorgen machen, wenn du zu lange weg bist", sagt sie freundlich. „Aber du kannst natürlich mit mir und meinen Schweinchen Tee trinken."

Rosi setzt sich hin und trinkt mit Frau Schwein und ihren Ferkeln Tee. Frau Schwein hatte vorher Tom, die Ziege, losgeschickt, um Rosis Mama zu holen. Langsam wird es dunkel und Rosi fühlt sich klein und schwach. Sie ist glücklich, als ihre Mama kommt.

„Da ist meine Mami!", quietscht Rosi und klettert auf Toms Rücken, damit er sie und ihre Mama nach Hause bringen kann. „Ich mag den Bauernhof und komme euch oft besuchen."

# Oli und die Äpfel

Das Schwein Oli schaut über die Mauer seines Stalls auf die roten Äpfel am Baum.

„Lecker!", seufzt Oli träumerisch. „Wenn ich doch nur hier raus könnte, um ein paar saftige Äpfel zu essen."

Dann kommt Moni, die Tochter des Bauern, mit einem Korb Abfall für Oli.

„Es ist dein Lieblingsessen", lächelt sie. „Pommes frites, Haferschleim und Cornflakes."

„Ach", schnaubt Oli undankbar. „Ich möchte lieber ein paar von diesen saftigen Äpfeln." Aber er isst natürlich trotzdem alles auf.

Dann bemerkt Oli, dass Moni das Tor offen gelassen hat. Er stößt es vorsichtig auf und geht hinaus.

„Juhuuu!", ruft Oli, als er zum Apfelbaum schlendert und die saftigen Äpfel frisst. Sie schmecken genauso gut, wie sie aussehen und Oli isst sie alle auf.

Aber … du meine Güte! Oli hat in der Nacht schreckliche Bauchschmerzen! Das nächste Mal wird er nicht so viele essen.

# Anni und das Ei im Heu

Eines Tages findet Anni im Heu ein Ei. Weil es niemand will, beschließt sie, sich selbst darum zu kümmern und es auszubrüten.

Ein paar Tage später, als Anni auf dem Ei sitzt, fühlt sie, wie es sich bewegt. Sie springt auf und sieht zu, wie das Ei zerbricht. Heraus hüpft ein hungriges Küken!

Anni füttert das Küken mit saftigen Würmern. Bald ist es so groß wie sie und flattert mit den Flügeln, als wolle es versuchen zu fliegen.

,,Oh, mein Liebes", sagt sie. ,,Ich kann dir das Fliegen nicht beibringen! Hühner können nicht fliegen. Was mache ich nur?"

Dann hat sie eine Idee. Sie läuft mit ihm zum Teich und bittet die Enten um Hilfe. Aber als sie das Küken sehen, quaken sie immerzu! Und das Küken quakt zurück. Es ist ein Entenküken!

Anni umarmt das Entchen. ,,Du gehörst hierher zu den Enten", sagt sie. ,,Aber ich komme dich jeden Tag besuchen, versprochen!"

# Überraschung auf dem Bauernhof

Ein Bauernhof ist immer ein belebter Ort, aber an diesem Wochenende ist der Glockenblumenhof noch belebter als sonst. Der Schuppen wurde aufgeräumt, das Tor geölt und alle Tiere machen sauber.

„Was ist denn los?", fragen die Tierkinder, aber ihre Eltern antworten nur, dass es eine Überraschung sei.

„Wie finden wir es heraus?", fragen sich die Kinder.

„Ich weiß es – ich werde mich im Stroh verstecken und die Pferde belauschen", sagt der Welpe Willi.

Aber sie muss von dem Stroh niesen und die Pferde schicken sie weg. Egal was sie auch anstellen, die Tierkinder können das Geheimnis nicht lüften.

Schließlich ist der Tag gekommen. Es liegt Begeisterung in der Luft.

„Seid ihr bereit?", fragt der Bauer die Tiere.

Er öffnet das Tor und ganz viele Kinder kommen auf den Hof.

„Willkommen zum ‚Tag der offenen Tür'!", rufen die Tiere im Chor.

„Was für eine tolle Überraschung!", jubeln die Tierkinder. „Das Warten hat sich wirklich gelohnt!" Und sie spielen noch den ganzen Tag mit den Kindern.

# Stellas heimlicher Imbiss

Heute bekommen Stella und ihre Mama Besuch. Stellas Mama hat deshalb extra einen leckeren Kuchen gebacken.

„Sind sie bald da?", fragt Stella und schielt hungrig auf den Kuchen. Endlich klingelt es an der Tür. Die Erwachsenen wollen vor dem Kuchenessen zuerst noch etwas reden und Stella und Vera, ihre Cousine, werden zum Spielen rausgeschickt. Stella kann den Kuchen durch das Fenster sehen.

„Ich gehe nur kurz etwas trinken", sagt sie zu Vera, als sie zur Küche geht. „Der Kuchen sieht sooo lecker aus.

Es wird schon niemand bemerken, wenn ich kurz probiere", denkt Stella und steckt sich schnell ein winziges Stückchen in den Mund. Es schmeckt so gut, dass sie einfach noch ein winziges Stück naschen muss! Dann geht sie wieder nach draußen.

„War's lecker?", fragt Vera.

„Wie hast du das erraten?", fragt Stella überrascht.

„Ganz einfach!", lacht Vera. „Du hast Krümel am Mund. Aber ich habe mir gedacht, dass du deshalb hineingehst. Ich würde den Kuchen auch immer vorher schon probieren!"

# Weihnachtsschmuck

Es ist fast Dezember. Der Schnee liegt hoch und die jüngeren Tiere des Bauernhofs sind sehr aufgeregt.

„Warum geht ihr nicht Schlittenfahren?", schlagen ihre Eltern vor, die sehr viel Arbeit haben, weil das große Weihnachtsfest ansteht. Also gehen die Schweinchen Frederik und Pia mit den anderen rodeln und es macht ihnen sehr viel Spaß, den Hügel bis zum Waldrand hinabzusausen.

Als alle nach Hause gehen wollen, ruft Ellen, das Lamm:

„Seht mal, die Stechpalme hat sehr viele schöne, rote Beeren! Lasst uns ein paar Zweige auf unserem Schlitten mit nach Hause nehmen! Wir könnten mit ihnen die Scheune dekorieren!"

Als sie mit dem Dekorieren der Scheune fertig sind, sieht sie wunderschön aus. Vor allem die Stechpalmenzweige, die die Kinder nach dem Schlittenfahren gesammelt haben, sehen sehr schön aus. Als alle Tiere beim Weihnachtsessen in der Scheune sitzen, sagen auch die Erwachsenen, dass die Scheune an Weihnachten noch nie so schön ausgesehen hat.

# Benjamin und die Wespe

Das Ferkel Benjamin ist sehr stolz auf seinen lustigen Ringelschwanz.

„Dein Eselschwanz ist gerade und langweilig", sagt er zu seinem Freund Ole. „Er ist nicht so schön geringelt wie meiner!"

„Dafür ist mein Eselschwanz nützlicher", antwortet Ole. Aber Benjamin lacht nur.

Gerade in diesem Moment kommt die Wespe Erik angeflogen und setzt sich auf Benjamins Rücken, um sich kurz auszuruhen.

„Geh weg!", ruft Benjamin, der Wespen überhaupt nicht leiden kann. Und er schüttelt Erik so grob ab, dass Erik böse wird und ihn sticht.

„Aua!", jammert Benjamin. „Das tut weh!"

Dann fliegt Erik hinüber zu Ole und setzt sich auf seinen Rücken.

„Lass mich ein kleines Nickerchen auf deinem Rücken machen oder ich steche auch dich!", droht er.

WUSCH! Mit einem Schwanzwedeln verscheucht Ole Erik von seinem Rücken.

Erik ist so überrascht, dass er schnell davonfliegt.

„Ich habe dir doch gesagt, dass mein Schwanz nützlich ist", lacht Ole.

# Connie und Kira werden Freunde

Connie und Kira begegnen sich auf einer Wiese. Als Connie Kira so genau mustert, lacht sie sie plötzlich aus.

„Warum lachst du mich aus?", fragt Kira.

„Weil dein Kopf nicht einmal bis zu meiner Schulter reicht!", sagt Connie und lacht immer noch.

„Man muss nicht groß sein, um nützlich zu sein", erwidert Kira beleidigt. Sie gehen sich aus dem Weg und verbringen den ganzen Frühling getrennt voneinander.

Als es immer heißer wird, kommen die Fliegen und machen den beiden das Leben schwer. Sie versuchen sie zu vertreiben, aber die Fliegen kommen immer wieder. Da hat Connie eine Idee. „Warum bleiben wir nicht zusammen auf der Wiese stehen? Dann können wir die Fliegen gemeinsam vertreiben", sagt sie.

„Das ist eine wunderbare Idee", erwidert Kira.

Jetzt stehen die beiden Pferde immer zusammen auf der Wiese und sind die besten Freunde.

# Jochen schwebt ins Wasser

Frau Ente nimmt ihre Küken jeden Tag mit zum Teich, um mit ihnen schwimmen zu üben. Und alle lieben es – außer Jochen.

„Warum soll ich schwimmen lernen?", fragt er Mama und weigert sich ins Wasser zu gehen. „Ich möchte lieber trocken bleiben."

„Alle Enten können schwimmen!", antwortet Mama und wird langsam etwas ungeduldig.

Aber Jochen weigert sich immer noch, ins Wasser zu gehen.

Es ist ein sehr windiger Tag. Und als Jochen am Teichufer entlangläuft, um seinen Geschwistern zuzusehen, hebt ihn eine starke Windböe in die Luft und trägt ihn geradewegs ins Wasser. Das Wasser ist kühl und sanft und Jochens Füße paddeln wie von selbst im Wasser. Bald holt er die anderen ein.

„WOW!", quakt er. „Das macht Spaß! Vielleicht möchte ich ja doch schwimmen lernen."

# Bauernhof-Rock

Linda, das Lamm, will eine Band gründen.

„Aber wir haben gar keine Musikinstrumente!", lacht ihr Freund Sam, das Kalb.

„Wir können uns welche basteln", schlägt Linda begeistert vor. Sie hüpft auf eine alte Tonne und tanzt darauf herum, dabei entsteht ein lautes Trommelgeräusch.

Dann hüpft sie auf eine größere Tonne, diese macht ein anderes, tieferes Geräusch. „Siehst du? Ich bin der Schlagzeuger!", sagt sie.

Sam bläst auf Plastikschläuchen und macht dabei ein lautes, hupendes Geräusch.

„Was ist das für ein Lärm?", fragt Henry, der Igel, und raschelt mit den Blättern unter der Hecke.

„Hey! Dieses Rascheln hört sich gut an!", lacht Linda. „Komm und mach bei unserer Band mit!" Bald ist auch Marvin, die Ziege, dabei und zupft am Draht des Zauns. Das hört sich fast an wie eine Gitarre.

Wenn alle zusammen mit ihren Instrumenten spielen, hören sie sich fast an wie eine richtige Band. Während sie spielen, fangen die anderen Tiere an zu tanzen. „Ich glaube, wir sind eine echt coole Band!", ruft Linda glücklich.

# Thomas eilt zu Hilfe

Alle Bauernhoftiere verbringen heute einen Tag am Strand. Die Erwachsenen liegen in ihren Liegestühlen, die Welpen tauchen ins Meer ab und die Kätzchen und Lämmer bauen zusammen Sandburgen. Der Esel Thomas lässt jeden auf sich reiten, die Kälber untersuchen die Gezeitenteiche und die Ferkel sammeln Muscheln.

   Als alle langsam hungrig werden, packt Frau Pferd zwei große Picknickkörbe aus und sie essen zu Mittag. Dann kommt die Flut.

   „Es ist Zeit nach Hause zu gehen", sagen die Erwachsenen und packen alles zusammen. „Seid ihr fertig?"

   Alle nicken, außer den Schweinchen. „Wir haben so viele Muscheln gefunden, dass sie nicht in unsere Taschen passen!", quieken sie.

   „Keine Sorge!", sagt Thomas. „Legt die Muscheln in die leeren Picknickkörbe und schnallt sie auf meinen Rücken. Ich kann sie den Weg hoch zum Bus tragen."

# Die roten Bälle

Der Hase Ruben hat einen neuen Ball. Er ist aus rotem Gummi und sehr elastisch!

„Aua!", meckert Jakob, die Ziege, als der Ball gegen seinen Kopf springt.

„Geh weg und spiel woanders!", gackern die Hennen, als der Ball durch die Scheune hüpft und sie aufweckt.

„So ein Mist!", sagt Ruben. Dann geht er mit seinem Ball in die hinterste Ecke des Hofs. Diesmal landet der Ball hinter der Hofmauer.

Er huscht unter dem Zaun hindurch und sieht sich um. Doch da ist weit und breit kein Ball zu sehen. Dann sieht er auf und kann seinen Augen kaum trauen. Wo er auch hinsieht, sind Bäume, und diese Bäume sind voller roter Bälle!
„Wie soll ich meinen denn da jemals wiederfinden?", denkt er.
„Du dummer Hase!", lacht Jessica, das Eichhörnchen.
„Das sind Äpfel und das ist ein Obstgarten. Suche deinen Ball am besten auf dem Boden!"
Und natürlich findet Ruben seinen Ball dort wieder.

# Betty hat einen Gast

Die Fledermaus Betty schläft den ganzen Tag, aber nachts fliegt sie über den ganzen Hof und besucht ihre Freunde. An einem sehr windigen Abend will Betty ihre Freundin Cornelia, den Spatz, besuchen. Aber als sie bei Cornelias Nest ankommt, ist das Nest nicht mehr da.

„Was soll ich tun?", weint Cornelia. „Der Wind hat mein Nest fortgeweht."

„Mach dir keine Sorgen!", sagt Betty. „Du kannst heute Nacht bei mir schlafen!"

„Aber was ist, wenn dein Nest auch vom Wind weggeweht wurde?", sorgt sich Cornelia. Aber Betty lächelt nur. Betty und Cornelia fliegen zu Bettys Zuhause zurück, einer großen Scheune! Sie fliegen hoch ins Gebälk der Scheune unter dem Dach. „Hier bist du sicher", sagt Betty und hängt sich kopfüber hin. Cornelia schläft auf einem Balken neben ihr ein, dort ist es warm, trocken und sicher. Der Wind pfeift die ganze Nacht, aber das macht ihnen überhaupt nichts aus.

# Maren und der Mond

Eines Abends liegt Maren auf dem Rücken und betrachtet den Mond.

„Ich frage mich, woraus der Mond besteht?", denkt sie. Sie fragt Molly, die Kuh, was sie dazu meint.

„Das ist ganz einfach. Er ist ein großer Eimer sahniger Milch", antwortet Molly.

Charlotte, das Schaf, ist mit dieser Antwort nicht einverstanden. „Er ist ein gigantisches Wollknäuel", sagt sie entschieden.

Jetzt ist Maren wirklich sehr verwirrt. Also fragt sie ihre Freundin, die kluge Henne Henrietta, aus was der Mond besteht.

„Es ist doch offensichtlich! Oder?", gackert sie. „Es ist ein großes, weißes Ei."

Jetzt weiß Maren erst recht nicht, was sie glauben soll. Und sie entscheidet sich Mama zu fragen.

„Wer sagt denn nun die Wahrheit?", fragt sie.

„Sie sagen alle die Wahrheit!", antwortet Mama weise. „Weil niemand weiß, was der Mond ist, kann er das sein, was wir wollen. Was denkst du, was er ist?"

Maren denkt lange nach, reibt sich das Kinn und sagt: „Ein großer, weicher, cremiger Käse. Fix und fertig für mich zum Essen!"

„Gut, dann ist das deine Vorstellung vom Mond!", sagt Mama. Und was ist der Mond für DICH?

# Rufus und der Unfall

Das Schwein Rufus ist sich sicher, dass es den großen Traktor des Bauern fahren kann.

„Ich habe ihm oft genug dabei zugesehen", sagt er. „Es ist kinderleicht!"

„Sei nicht dumm!", warnen ihn seine Freunde. „Schweine können keine Traktoren fahren!"

Aber Rufus ist entschlossen, es zu versuchen. Eines Tages lässt der Bauer seinen Traktor mit laufendem Motor stehen. Als er kurz ins Haus geht, nutzt Rufus die Gelegenheit. Er flitzt aus dem Stall und klettert auf den Fahrersitz und betätigt einen langen Hebel. BRUMM macht der Motor und der Traktor rollt vorwärts.

„Seht her!", ruft Rufus fröhlich. Aber damit ist es gleich vorbei. Rufus bekommt Angst. Er fährt genau auf den Schweinestall zu und Rufus weiß nicht, wie man bremst. KRACH! Er fährt gegen die Mauer und reißt ein großes Loch hinein.

Der Bauer ist wütend. „Du böses Schwein!", ruft er zornig. „Ich hoffe, du hast deine Lektion gelernt! Bleib bei dem, was du gut kannst – ein Schwein sein!"

# Der erste Schultag

Die Zwillinge Marleen und Karolin haben heute ihren ersten Schultag. Sie sind sehr aufgeregt. Sie haben noch nie mit ihrer neuen Lehrerin, Frau Truthahn, gesprochen, aber sie haben sie schon von weitem auf dem Hof gesehen. Sie hat schwarze, wachsame Augen, einen runzligen Nacken und die Angewohnheit, immer genau dann aufzutauchen, wenn irgendjemand etwas anstellt.

„Denkst du, dass sie eine strenge Lehrerin ist?", flüstert Marleen, als sie zum Klassenraum laufen.

„Sehr streng!", antwortet Karolin. „Wir sollten uns lieber gut benehmen."

Marleen und Karolin setzen sich zu ihren neuen Klassenkameraden, während Frau Truthahn in einer Ecke sitzt und etwas aufschreibt. Dann sieht sie mit ihren wachsamen Augen auf … und lächelt sehr freundlich.

„Hallo, Kinder!", sagt sie mit einer sanften Stimme. „Ich denke, ihr wisst alle, dass ich Frau Truthahn bin. Ich bin mir sicher, dass wir uns alle gut verstehen."

Marleen und Karolin atmen auf und entspannen sich auf ihren Stühlen.

„Alles wird gut!", lächelt Marleen. Da hat sie wohl recht.

# Die Tauben sehen alles

Die weißen Tauben leben noch nicht lange auf dem Bauernhof. Der Bauer hat ihnen ein Holzhaus auf dem Scheunendach gebaut, das „Taubenschlag" genannt wird.

„Wie können wir uns mit den anderen Tieren anfreunden?", überlegen die Tauben, als sie auf dem Dach sitzen. Dann haben sie eine Idee. Einmal die Woche kommt ein großer, gelber Lastwagen und bringt besonderes Futter für die Tiere zum Hof. Als die Tauben den Laster in der Ferne sehen, rufen sie:

„Der Futterlaster ist auf dem Weg! Lauft über das Feld zu euren Futtertrögen."

Die hungrigen Tiere rennen zu ihren Trögen und warten auf den Bauer, bis er mit ihrem Futter kommt.

„Ich glaube, wir haben sehr kluge Tiere", sagt der Bauer zu seiner Frau. „Sie scheinen zu wissen, wann ihr Futter geliefert wird."

Und seitdem sind die Tauben ein Teil der glücklichen Bauernhoffamilie.

# Gina passt auf!

Jede Nacht geht die Katze Gina umher und sieht nach, was die Tiere machen. Die Hühner finden das sehr witzig. „Sie denkt, sie wäre ein Wachhund!", kichern sie, wenn Gina nicht zuhört.

Eines Nachts macht Gina wie immer ihre Runde über den Hof. Sie besucht Jasper, die Ziege, Toni, das Pony, und macht sich dann auf den Weg zum Hühnerstall.

„Alles in Ordnung?", ruft sie.

Aber es ist nicht alles in Ordnung. Das Schloss des Hühnerstalls ist aufgebrochen und Franz, der Fuchs, versucht gerade, hineinzukommen.

Gina rennt zurück zum Bauernhaus. „Hilfe!", miaut sie laut. Der Bauer wacht auf und rennt zum Hühnerstall. Er kommt noch rechtzeitig, um den Fuchs zu verjagen.

„Danke, dass du unsere Küken gerettet hast, Gina!", gackern die Hühner. „Du bist genauso mutig wie ein richtiger Wachhund!" Seitdem machen sie sich nicht mehr über Gina lustig.

# Zu Hause ist es doch am schönsten

Lars, der Sohn des Bauern, hat zwei Kaninchen – Berta und Harry. Sie leben in einem kleinen Stall in der Nähe des Hauses und Lars füttert sie jeden Tag mit frischem Kopfsalat und Löwenzahnblättern. Dann lässt er sie in einem Gehege laufen, das er für sie gebaut hat.

Eines Nachts kommen drei wilde Kaninchen zum Stall.

„Warum kommt ihr beiden nicht einfach mit uns?", flüstern sie. „Wir sind nicht in einen alten, modrigen Stall eingesperrt. Wir sind frei!"

Berta und Harry sehen sich an. „Nein, vielen Dank", sagt Berta. „Wir haben ein warmes Haus und sauberes Stroh zum Schlafen." „Und wir bekommen frisches Futter und dürfen jeden Tag herumrennen", fügt Harry hinzu.

Also hüpfen die Besucher zurück in ihren Kaninchenbau und lassen die beiden zahmen Kaninchen allein.

„Zu Hause ist es doch am schönsten!", sagen Berta und Harry zufrieden.

# Dinosaurier-Geschichten

# Tommy lernt fliegen

Tommy, ein Pterodaktylus, kann gar nicht gut fliegen. „Achtung! Tommy kommt!", rufen seine Freunde, wenn er im Anflug ist. „Ich kann nichts dafür, dass ich so ungeschickt bin", seufzt Tommy. „Meine Flügel sind viel zu groß!"

Eines Tages kommt ein berühmter Kunstflieger namens Sepp zu Besuch.

„Vielleicht kann er mir ein paar Tipps geben", denkt Tommy und saust durch die Luft, ohne darauf zu achten, wo er hinfliegt. KRACH! Er landet genau auf Sepp!

Aber Sepp ist ihm gar nicht böse. „Was für wunderbare Flügel!", staunt er.

„Wenn ich nur nicht so ungeschickt wäre", jammert Tommy.

„Mit meiner Hilfe wirst du der beste Flieger der Welt!", verspricht Sepp.

Tommy übt jeden Tag mit Sepp, so lange, bis er die tollsten Flugmanöver beherrscht. Seine Freunde freuen sich, wenn sie seine Kunststücke und Loopings sehen. Wenn er jetzt angesaust kommt, rufen sie begeistert:

„Seht mal! Da kommt Tommy, der Kunstflieger!"

# Annabelle hat Zahnweh

Annabelle hat noch nie ihre Zähne geputzt. Deshalb hat sie jetzt so schlimme Zahnschmerzen. Es tut so weh, dass sie nachts nicht schlafen kann … und ihr leises Weinen hält auch alle anderen wach.

„Mein Zahn tut so weh!", jammert sie immer wieder. „Ich wünschte, ich könnte ihn rausziehen!"

Da hat Annabelles Oma eine Idee. Ganz vorsichtig bindet sie das eine Ende eines langen Fadens um Annabelles Zahn und das andere Ende um die Türklinke. KRACH! Als Oma die Tür mit einem Ruck schließt, zieht der Faden sich stramm – und Annabelles Zahn ist draußen.

Allmählich hört der Schmerz auf und Annabelle gähnt müde. „Es ist zwar nicht so schlimm, einen Zahn zu verlieren, aber ich werde in Zukunft die Zähne besser putzen!", denkt sie noch und dann schläft sie ein.

# Ein Ungeheuer in der Nacht

Rex wacht mitten in der Nacht auf. Draußen ist es sehr dunkel. „Viktor!", ruft er. „Wach auf! Da ist ein Ungeheur in unserem Garten!" Viktor bewegt sich und öffnet ein Auge. Plötzlich blitzt es und Viktor setzt sich mit einem Ruck auf.

„Es speit Feuer!", schreit er.

„Hilfe!", rufen die Geschwister und stürzen ins Schlafzimmer ihrer Eltern. „Da ist ein Ungeheuer in unserem Garten, das Feuer speit und brüllt!"

Papa nimmt die beiden kleinen Dinosaurier bei der Hand und führt sie zum Fenster.

Genau in diesem Augenblick spuckt das Ungeheuer so viel Feuer, dass der ganze Himmel davon erleuchtet ist!

„Das sind nur Blitze", sagt Papa.

Dann brüllt das Ungeheuer so laut, dass selbst Papa kurz zusammenzuckt. „Das ist nur Donner", sagt er. „Da draußen ist kein Ungeheuer, das ist nur ein Sommergewitter. Morgen früh scheint wieder die Sonne."

Rex und Viktor gehen beruhigt ins Bett und schlafen den Rest der Nacht tief und fest.

# Ein Kleid für Lina

Lina und Mama gehen einkaufen. Lina braucht ein Kleid für die Hochzeit ihres Cousins.

„Ich hasse Kleider! Warum kann ich nicht meine Jeans tragen?", fragt sie wütend.

Doch Mama hört gar nicht hin. „Alle werden sich schick machen", antwortet sie nur. „Wie wäre es mit diesem hübschen Kleid?"

„Ich mag keine Rüschen!", sagt Lina mit einem Stirnrunzeln.

„Und was ist mit diesem hier?", fragt Mama, während sie ein anderes heraussucht.

„Ich mag kein Pink!", sagt Lina entschlossen.

„Aber dieses hier ist schön", sagt Mama.

„Auf keinen Fall! Es hat Schleifchen!", meckert Lina.

„Lina Lesothosaurus!", sagt Mama schließlich. „Ich geb's auf! Du kannst dir selbst ein Kleid aussuchen!" Und sie setzt sich müde auf eine Bank. Zehn Minuten später kommt Lina mit einem Kleid zurück.

„Aber – es hat ja Rüschen … und Schleifen … und pink ist es auch noch!", ruft Mama.

„Ich weiß", lacht Lina. „Aber es ist aus dem gleichen Stoff wie meine Jeans!"

# Sonja lernt schwimmen

Sonja kann es kaum erwarten, schwimmen zu lernen. Sie beobachtet ihren Bruder, wie er in den großen Teich springt. PLATSCH! Das kalte Wasser spritzt ihr ins Gesicht. „Komm rein!", sagt er. „Ich bringe dir das Schwimmen bei." „Hör auf!", sagt sie ärgerlich. „Ich kann schon schwimmen ... wenn ich will." Ihr Bruder lacht.

„Naja, das ist sogar fast wahr", denkt Sonja. „Wenn nur meine Füße nicht die ganze Zeit auf den Grund sinken würden." Plötzlich fegt eine starke Windböe über den Teich hinweg und Sonjas Lieblingskuscheltier fällt ins Wasser.

„Selina!", schreit Sonja und ohne nachzudenken, springt sie ins Wasser. Ihr Bruder traut seinen Augen kaum.

„WOW!", ruft er, als Sonja Selina erreicht und sie in Sicherheit bringt. „Du kannst ja wirklich schwimmen!"

Sonja lacht: „Ich habe doch gesagt: Ich kann, wenn ich will!"

# Rickys Kritzeleien

Ricky liebt es, zu kritzeln. Das Problem ist nur, dass er auf allem herumkritzelt.

„Wer hat auf meinen neuen Drachen geschrieben?", jammert Hugo Hadrosaurier.

„Wer hat auf meine frisch gewaschene Wäsche gemalt?", brummt Sarah Stegosaurier.

„Na warte, wenn ich den erwische, der auf meine Haustür geschmiert hat!", ruft Laura Lesothosaurus.

Alle wissen ganz genau, dass es Ricky gewesen ist, aber niemand kann ihn fangen, weil er so schnell rennen kann.

Eines Tages beschließen seine Freunde, ihm eine Lektion zu erteilen.

„Ich kann meinen Namen größer schreiben als du", behauptet Laura, während sie LAURA quer über einen Felsen schreibt.

„Nein, kannst du nicht", sagt Ricky und schreibt RICKY in riesigen Buchstaben auf den größten Felsen, den er finden kann.

Plötzlich bewegt sich der Fels. Es ist nämlich gar kein Fels, sondern ein riesiger Tyrannosaurus Rex! Seitdem überlegt Ricky ganz genau, wo er hinkritzelt.

# Sam kommt zu Besuch

Charlies Cousin Sam kommt für ein paar Tage zu Besuch. Darüber freut sich Charlie nicht so sehr. Letztes Mal hat Sam nämlich die ganze Zeit vor seinem Computer gesessen. Das war ziemlich langweilig. „Mal sehen, wie es wird!", denkt Charlie. Diesmal bringt Sam seinen Computer nicht mit, dafür aber seinen neuen Roller. Und es ist alles andre als langweilig mit Sam!

Am Montag baut Sam eine Höhle aus allen Esszimmerstühlen.

Am Dienstag gräbt er den Garten um und macht ein Lagerfeuer.

Am Mittwoch fährt er mit seinem Roller gegen Frau Iguanadons Zaun.

Am Donnerstag backt er aus allen möglichen Lebensmitteln einen Kuchen.

Am Freitag essen Sam und Charlie einen Mitternachtsimbiss.

Am Samstag muss Sam leider schon gehen.

„Kannst du bald mal wiederkommen?", fragt Charlie hoffnungsvoll.

So eine aufregende Woche hat er schon lange nicht mehr erlebt!

# Das Kostüm

Simon Saurus will zu einem Kostümfest gehen, aber er kann sich nicht entscheiden, als was er sich verkleiden soll. Zuerst will er ein Monster sein – bis er die Maske und die Krallen sieht, die Mama für ihn gebastelt hat.

„Wie soll ich damit essen?", beschwert er sich. „Ich glaube, ich möchte lieber ein König sein." Also bastelt Mama aus den Krallen eine Krone und näht aus einer Bettdecke einen Umhang.

„Mit dem Umhang kann ich aber nicht gut rennen!", nörgelt Simon.

Schließlich gibt ihm Mama einen Rucksack und einen Wanderstock. „Du kannst ein Entdecker sein", sagt sie. Aber Simon schüttelt nur den Kopf.

„Weißt du was?", sagt Mama verärgert. „Warum bastelst du dir dein Kostüm nicht selbst?"

Wenig später zeigt Simon Mama sein Kostüm. Er trägt die Krone, den Umhang, den Rucksack und die Maske.

„Ich bin ein Tut-mir-leid-osaurus", lächelt er kleinlaut.

„Das ist ja wunderbar!", lacht Mama und der Streit ist vergessen.

# Silas, der Träumer

Silas Styracosaurus sitzt im Rechenunterricht und ist schon wieder in Träumereien versunken.

„Was würde ich mir kaufen, wenn ich im Lotto gewinnen würde?", fragt er sich. „Einen Matschspiel –..."

„Silas!", ruft Herr Megalosaurus, sein Lehrer. „Ich rede mit dir!"

Silas zuckt zusammen. Er denkt fieberhaft nach. „Was hat er nur gesagt? Vielleicht will er, dass ich die Aufgabe an der Tafel löse."

Silas rät blind drauf los: „Vierundfünfzig!"

„Nein", antwortet Herr Megalosaurus.

„Fünfhundertzwei", sagt Silas hoffnungsvoll.

„NEIN!", brüllt der Lehrer.

„Dreihundertacht?", fragt Silas sehr leise.

Herr Megalosaurus seufzt. „Ich habe gesagt, dass es Zeit ist, nach Hause zu gehen, du Träumer!"

Jetzt sieht sich Silas im Raum um. Außer ihm ist niemand mehr da.

„Oh, vielen Dank, Herr Megalosaurus!", sagt er beschämt und geht nach Hause.

# Billy rettet das Spiel

Billy Brontosaurus liebt es, Fußball zu spielen, aber die anderen Dinosaurier lassen ihn nicht mitspielen.

„Du bist zu tollpatschig", stöhnt Freddy, als Billy ihn mit seinem Schwanz umgeworfen hat. „Pass gefälligst mit deinem Schwanz auf!"

„Deine Füße machen Löcher in den Rasen", quiekt Milly, während sie aus einem riesigen Fußabdruck herausklettert.

„Pssssscht", zischt der Ball, als Billy aus Versehen auf ihn tritt.

„Es tut uns leid, aber du kannst nicht mitspielen", sagen alle.

Also sitzt Billy mürrisch am Rand und sieht seinen Freunden beim Fußballspielen zu. Plötzlich kickt Freddy den Ball so hoch, dass er in einen Baum fliegt und dort stecken bleibt.

Niemand kann ihn erreichen – außer Billy. Er stellt sich auf seine Hinterbeine, streckt seinen langen Hals und holt den Ball aus dem Baum.

„Hurra, Billy!", ruft Milly.

„Danke, dass du den Ball geholt hast", sagen die anderen. „Es tut uns leid, dass wir dich nicht mitspielen ließen! Du kannst jetzt mitmachen, wann du willst!"

# Janas kleiner Garten

„Ich wünschte, wir hätten einen Garten", seufzt Jana. Durch das Fenster beobachtet sie ihren Freund Daniel Diplodocus dabei, wie er seine Rosen im Garten nebenan gießt.

„Wir können einen Garten anlegen", schlägt Papa vor.

„Aber wie?", fragt Jana. „Wir leben in einer Wohnung, hoch über der Erde."

„Du wirst schon sehen", sagt Papa und lächelt.

Am Nachmittag kaufen Jana und Papa ein paar Kressesamen. Sie füllen eine kleine Wanne mit Erde und säen vorsichtig die Samen. Dann legt Jana mit Kieselsteinen einen kleinen Pfad und bildet mit Folie einen kleinen Teich nach.

„Gärten brauchen Sonne und Wasser zum Wachsen", sagt Papa. Also stellt Jana die Wanne auf die Fensterbank und gießt ihren Garten jeden Tag. Und schon nach zwei Wochen ist Janas Garten voller Kressepflänzchen.

„Und jetzt kommt das Beste!", sagt Janas Papa. „Wir essen sie mit Butterbrot und gekochten Eiern!"

Gesagt, getan! Daniel Diplodocus ist auch eingeladen.

„Mmh, lecker. Und aus dem eigenen Garten …", sagt Jana stolz.

# Das etwas andere Paar Schuhe

Anne Scelidosaurus möchte für eine Party schöne, neue Schuhe kaufen.

„Komm mit, Freddie!", sagt sie zu ihrem kleinen Bruder, der gerade ein Bild malt. „Wir gehen einkaufen!"

Das Problem ist nur, dass Anne RIESIGE Füße hat. Obwohl sie in unendlich vielen Geschäften waren, haben sie keine Schuhe gefunden, die Anne passen.

„Das ist ungerecht!", seufzt Anne. „Dinosaurier haben nun einmal große Füße. Komm, lass es uns nur noch in einem Laden probieren!" Aber da ist es auch nicht besser. Alle Schuhe sind zu klein.

„Können wir jetzt nach Hause gehen?", stöhnt Freddie. „Ich möchte mein Bild fertig malen."

Plötzlich lächelt er. „Ich habe eine Idee!", sagt er. Am Nachmittag, als Anne zur Party geht, trägt sie ein Paar wunderschöne Schuhe!

„Anne!", sagen ihre Freunde erstaunt. „Woher hast du diese Schuhe?"

„Oh, sie wurden extra für mich gemacht", lacht sie fröhlich.

# Oskar im Zirkus

Oskar will unbedingt zum Zirkus. Eine Woche lang hat er Kunststücke eingeübt.

Endlich ist es soweit. Oskar ist sehr aufgeregt, als er dem Zirkusdirektor seine Kunststücke zeigt. Zuerst klettert er die Leiter zum Trapez hinauf. Doch als er nach unten schaut, hat er zuviel Angst, um zu springen.

Als Nächstes will Oskar einen Kopfstand vorführen. Aber er ist so nervös, dass er dabei umkippt. Armer Oskar!

,,Warum versuchst du's nicht mit Jonglieren?", fragt der Zirkusdirektor freundlich.

Oskar nimmt die Bälle und wirft sie in die Luft – aber auch das gelingt ihm nicht. Die Bälle kullern alle auf den Boden.

Mittlerweile haben sich um Oskar schon sehr viele Dinosaurier versammelt. ,,Hurra!", jubeln sie. ,,Das ist die lustigste Vorführung, die wir seit Langem gesehen haben!"

,,Ja, genau, das ist es!", ruft der Zirkusdirektor. ,,Oskar bringt die Leute zum Lachen. Er kann den Clown spielen!"

# Die verschwundene Raupe

Immer, wenn Theo im Garten spielt, geht er am liebsten auf allen vieren, um kleine Tiere zu suchen.

Eines Tages findet er eine große, haarige Raupe. Theo beobachtet fasziniert, wie die Raupe auf einem Blatt herumkaut. Mehrere Tage lang behält Theo die Raupe im Auge. Er muss nur der Spur von angeknabberten Blättern folgen, um die Raupe zu finden.

Bis eines Tages nichts mehr zu finden ist – außer einem dicken, braunen, klumpigen Ding, das an einem Halm hängt.

Ein paar Tage später trifft Theo wieder das seltsame Ding. Es ist jetzt größer als vorher und auch viel klumpiger.

„Ich frage mich, was das ist?", sagt er und berührt es dabei sehr behutsam. In diesem Moment macht das Ding ein Geräusch wie zerreißendes Papier, dann teilt es sich sehr langsam und ein zartes Geschöpf erscheint. Das Geschöpf streckt seine Flügel aus und flattert hoch in die Luft.

„Wahnsinn!", jubelt Theo. „Meine dicke, haarige Raupe hat sich in einen wunderschönen Schmetterling verwandelt!"

# Die größte Rutsche der Welt

Die Dinosaurier machen ein Picknick im Park. Die Sonne scheint und sie haben viele leckere Sachen zum Essen dabei. Als jeder so viel gegessen hat, wie er nur kann, legen sich die Erwachsenen für ein Nickerchen hin. Lena und Julian spielen miteinander.

„Ich möchte rutschen!", ruft Lena. Plötzlich fängt sie an zu weinen.

„Was ist denn los, Lena?", fragt Mario, ein Megalosaurus.

„Jemand hat die Rutsche kaputt gemacht!", schnieft sie traurig.

„Kopf hoch!", grinst Mario. „Ich habe eine Idee. Kommt und stellt euch auf meinen Schwanz!"

Verwirrt stellt sich Lena auf Marios Schwanz. Dann senkt er seinen Kopf und hebt seinen Schwanz in die Luft. Sofort rutscht Lena über Marios langen Rücken, über seinen Nacken und schließlich über seinen Kopf auf den Boden.

„Hurra!", ruft Lena. „Das macht sogar mehr Spaß als eine normale Rutsche! Vielen Dank, Mario!"

# Der magische Wunschteich

Finn ist niemals zufrieden. Als er eines Tages am Ufer eines Teichs sitzt und die Dinosaurier auf der anderen Seite des Teichs beim Spielen beobachtet, denkt er: „Ich wünschte, ich hätte auch drei so schöne Hörner wie ein Triceratops."

Auf einmal spürt er ein Kribbeln in seinem Kopf und als er sein Spiegelbild im Wasser sieht, sind da drei Hörner gewachsen.

„WOW! Das muss ein Wunschteich sein!", staunt Finn.

Und auf der Stelle wünscht er sich Flügel wie ein Pteranodon, einen langen Hals wie ein Diplodocus und so scharfe Zähne wie ein Tyrannosaurus Rex.

Als Finn am Nachmittag nach Hause kommt, schlägt er mit seinen Flügeln, streckt seinen Hals und zeigt seine Zähne.

„Hilfe! Ein schreckliches Ungeheuer!", schreit Mama.

Da geht Finn zurück zum Teich und wünscht sich, wieder so zu sein, wie zuvor. Und dann hat er nur noch einen Wunsch: nie wieder unzufrieden zu sein.

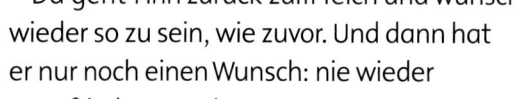

# Maries neuer Tanz

Marie tanzt so gerne, dass sie schon alle Tänze kann, die es gibt. Deshalb will sie selbst einen neuen Tanz erfinden!

Sie rückt das Sofa beiseite und legt ihre Lieblingsmusik auf. Dann probiert sie den ganzen Nachmittag neue Tanzschritte aus. Endlich ist ihr neuer Tanz fast fertig.

„Mir fällt nur kein toller Schluss ein", denkt sie.

Marie läuft in das Zimmer ihres Bruders und rutscht auf einer Murmel aus. Sie schlittert über den Boden und macht dann einen perfekten Salto aufs Bett.

„Ist alles in Ordnung mit dir, Marie?", fragt Ben beunruhigt. Marie lächelt. „Ja", sagt sie. „Das war der beste Schluss für meinen neuen Tanz!"

# Oliver mag nur Kartoffeln

Oliver isst immer nur Kartoffeln.

„Ich bin sicher, dass du mehr Sachen mögen wirst, wenn du sie mal probierst", sagt Mama. Dann hat sie eine Idee: „Morgen kommen ein paar Freunde von Oliver", überlegt sie. „Ich werde mir ein Spiel als Überraschung für alle ausdenken." Am nächsten Tag, als alle Freunde da sind, gibt sie jedem eine Augenbinde. „Dieses Spiel heißt ‚Teste deinen Geschmack'", erklärt sie ihnen.

„Ihr müsst die Speisen in jeder Schüssel probieren und aufschreiben, was es ist." Kurz bevor alle Schüsseln leer sind, werden die Antwortzettel eingesammelt. Für jede Schüssel hat Oliver ‚Kartoffeln' aufgeschrieben!

„Sie haben mir alle geschmeckt", erklärt er. „Also müssen in jeder Schüssel Kartoffeln gewesen sein."

„Nicht in einer von ihnen waren Kartoffeln", lacht Mama. „Und du mochtest sie alle! Also bekommst du morgen etwas anderes zum Abendessen!"

# Aus Alt wird Neu

Ella sieht zu, wie Mama ihren Schrank aufräumt.

„Vielleicht kann ich ein paar von diesen Sachen wiederverwerten", sagt Mama, während sie auf einen Haufen alter Kleider zeigt. „Dieses geblümte, rote Kleid war mein Lieblingskleid. Ich weiß was! Ich mache daraus etwas für dich, Ella."

Ella verzieht das Gesicht. „Nein, danke!", sagt sie. „Ich möchte kein altes muffiges Kleid."

Und sie rennt in ihr Zimmer zum Spielen. Mama lächelt. Später an diesem Nachmittag kommt sie in Ellas Zimmer.

„Ich habe eine Überraschung für dich", sagt sie. Und sie hält nicht ein rotes, geblümtes Kleid hoch, sondern zwei! Eins für Ellas Teddy und eins für ihre Puppe.

„Danke, Mama!", ruft Ella. „Kannst du bitte noch mehr Teddy- und Puppenkleider aus deinen alten Sachen machen?"

# Eine Party in Pink

Pauline ist sehr aufgeregt. „Nur noch eine Woche bis zu meinem Geburtstag!", sagt sie zu Mama. „Was soll ich bloß anziehen?"

„Du kannst das wunderschöne weiße Kleid anziehen", antwortet Mama. „Mit deiner roten Schleife zusammen." Aber das Kleid hat leider einen Fleck, also legt Mama es in die Waschmaschine und geht weg, um etwas Waschpulver zu holen.

„Mama hat meine rote Schleife vergessen", denkt Pauline und wirft die Schleife zu dem Kleid in die Maschine. Später, als Mama das Kleid aus der Maschine nimmt, ist es strahlend PINK!

„Mein Kleid!", schluchzt Pauline. „Es ist ruiniert!" Dann hat sie plötzlich eine Idee. „Ich mache eine Party in Pink!", ruft sie begeistert. „Alles wird pink sein – die Dekoration, die Preise – sogar das Essen! Und alle müssen pink angezogen sein!" Schnell rennt sie los, um die Einladungen für ihre Party zu schreiben – natürlich auf pinkfarbenes Papier.

# Henry und der Irrgarten

Henry hat es satt. „Warum muss ausgerechnet ich so einen langen Hals haben?", seufzt er, nachdem er sich schon wieder den Kopf an einem Ast gestoßen hat.

„Das ist bei manchen Dinosauriern einfach so", sagt Mama lächelnd. „Ein langer Hals kann aber auch nützlich sein!"

Aber so leicht kann sie Henry nicht überzeugen. Da hat Henrys Mama eine Idee. Am nächsten Tag bringt sie Henry und seinen Freund Ben zu einem Irrgarten.

„Viel Spaß, ihr beiden!", lächelt sie. „Ich setze mich hier hin und ruhe mich etwas aus."

Henry und Ben folgen einigen anderen Besuchern im Zickzack zu der Mitte des Irrgartens. Aber niemand weiß, wie sie zurückfinden sollen. Sie sind ja schließlich von hohen Hecken umgeben und niemand kennt den richtigen Weg.

„Keine Sorge!", grinst Henry. „Folgt mir!"

Sicher führt er alle durch die verzweigten Wege des Irrgartens und schon bald sind sie wieder am Eingang angekommen.

„Du hast Recht, Mama!", ruft Henry. „Lange Hälse können sehr nützlich sein!"

# Der Überraschungskoffer

Emilia ist sehr aufgeregt, denn sie darf gemeinsam mit Mama und Papa ihre Cousinen besuchen. Natürlich möchte sie ihnen alle ihre Spielsachen zeigen. Aber leider ist ihr Koffer viel zu klein für das viele Spielzeug, obwohl sie tausendmal versucht, alles hineinzubekommen. Doch da hat sie eine Idee. Sie öffnet ganz vorsichtig den Koffer ihrer Eltern, nimmt ein paar Kleidungsstücke heraus und legt die restlichen Spielsachen hinein.

„Sicher werden sie es nicht einmal merken!", denkt sie. Aber Emilia hat sich leider getäuscht. Am nächsten Morgen, als sie bei ihren Cousinen aufwacht, sieht sie Papa im Flur stehen. Er trägt nur Unterwäsche.

„Meine Kleidung wurde gestohlen!", schimpft er. Nun muss Emilia zugeben, was sie getan hat. Papa sieht sie an. Dann schaut er auf die Spielsachen und muss lächeln.

„Vielleicht solltest du zu deinen Cousinen gehen und ihnen deine Spielsachen zeigen", sagt er mit einem Augenzwinkern. „Und ich werde Onkel Jonas fragen, ob er mir ein paar Sachen von sich leihen kann."

# Die zankenden Zwillinge

„Das ist meins!", schreit Rosie.
„Nein! Meins!", brüllt Rex.
Die Tyrannosaurus-Zwillinge streiten sich wieder einmal – dieses Mal um einen Spielzeuglaster. Rosie zieht ihn in die eine Richtung und Rex in die andere. Der Laster ist kurz davor, kaputtzugehen ...

„Wenn du nicht loslässt, werde ich dein ganzes Puppenhaus vollspucken!", brüllt Rex.

„Und wenn du nicht loslässt, werde ich auf deinem Teddy herumtrampeln!", kreischt Rosie.

„Wenn du nicht loslässt, werde ich dein Fahrrad kaputt machen!", droht Rex.

„Wenn du nicht loslässt, trete ich eben auf deinen Drachen!", schreit Rosie.

„Ich werde dein Zimmer verwüsten!"

„Ich stampfe auf deinen Soldaten herum!"

„Wenn ihr beiden nicht sofort aufhört, zu streiten", sagt Frau Tyrannosaurus sehr laut, „dann esse ich den Kuchen ganz alleine." Auf einmal sind beide mucksmäuschenstill.

# Der vergessliche Fred

Fred will nicht aufstehen. Er ist sicher, es würde ein mieser Tag werden und so bleibt er lieber gähnend in seinem Bett liegen.

„Ich stehe heute nicht auf", sagt er zu Mama. „Ich bleibe im Bett."

„Oh, Fred! Du bist so vergesslich!", lacht Mama. Seine Schwestern schauen ins Zimmer.

„Du kannst das nicht vergessen haben!", kichern sie.

Fred kann sogar Papa im Erdgeschoss lachen hören: „Vergisst Fred mal wieder alles?"

Fred runzelt die Stirn. Selbst wenn er manchmal einige Dinge vergisst, ist es nicht schön, dass sie ihn deshalb ärgern. Das wird bestimmt ein blöder Tag heute. Er kriecht aus dem Bett, wäscht sich das Gesicht und putzt sich die Zähne, dann schlurft er zum Frühstück in die Küche.

„ALLES GUTE ZUM GEBURTSTAG, FRED!", ruft seine ganze Familie und versammelt sich um ihn.

Fred grinst kleinlaut. „Ich glaube, der Tag wird doch nicht so schlecht wie ich dachte!"

# Alle lieben Lebkuchen

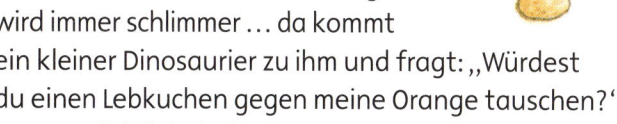

Charlie soll morgen zum ersten Mal in den Dino-Kindergarten gehen. Er macht sich Sorgen, weil er dort niemanden kennt.

„Ich möchte da nicht hingehen", sagt er zu Mama am Morgen.

„Es wird dir bestimmt gefallen", tröstet ihn Mama.

Im Kindergarten ist Charlie viel zu schüchtern, um mit den anderen Kindern zu sprechen. Er setzt sich auf seinen Platz und beginnt zu malen.

Beim Mittagessen öffnet Charlie seine Brotdose. Mama hat Lebkuchen gebacken.

Aber sie hat wohl vergessen, dass Charlie Lebkuchen hasst! Der Tag wird immer schlimmer ... da kommt ein kleiner Dinosaurier zu ihm und fragt: „Würdest du einen Lebkuchen gegen meine Orange tauschen?"

„Natürlich", lächelt Charlie. Bald darauf ist er von Dino-Kindern umringt, die ihn nach Lebkuchen fragen.

Am Nachmittag holt Mama ihn ab. „Hattest du einen schönen Tag?", fragt sie ihn.

Charlie grinst: „Ich habe mich mit allen in meiner Gruppe angefreundet! Kannst du bitte für morgen noch mehr von diesen Lebkuchen backen?"

# Rafael, der Flugzeug-Dino

Rafael, der Dinosaurier, kann mit seinem Flugzeug alle möglichen Kunststücke vorführen. Er hat in vielen Actionfilmen mitgespielt und ist deshalb weltberühmt. Eines Tages besucht er seinen Neffen Robert.

„Ich wette, es gibt kein Flugzeug auf der Welt, das du nicht fliegen kannst!", sagt Robert.

„Soweit ich weiß, nicht!", lacht Rafael.

Robert zeigt seinem Onkel sein Modellflugzeug. „Ich habe gespart und es mir dann selbst gekauft", erklärt er stolz.

Rafael sieht zu, wie Robert das Flugzeug Sturzflüge, Spiralen und Loopings fliegen lässt.

„Möchtest du es auch mal probieren?", fragt Robert seinen Onkel. Aber als Rafael die Steuerung übernimmt, fliegt das Flugzeug in einem Sturzflug geradewegs auf sie zu. Erschreckt springt Rafael im letzten Moment zur Seite und kurz darauf landet das Modellflugzeug mit einem dumpfen Schlag auf dem Boden.

„Oh, Mann!", lacht Rafael. „DAS ist das erste Flugzeug, das ich nicht fliegen kann!"

# Das Regentropfen-Rennen

Ben und Betty starren durch das Fenster auf den Regen. „Ich möchte in den Park", seufzt Betty.

„Und ich möchte draußen mit meinen Freunden spielen", sagt Ben.

„Das geht nicht", sagt Papa. „Heute müsst ihr hier drinnen spielen. Vielleicht scheint ja morgen wieder die Sonne."

Aber Ben und Betty haben bald genug davon, im Zimmer zu sitzen. „Uns ist langweilig!", beklagen sie sich. „Man kann nichts tun, als dem Regen zuzusehen."

Und sie starren auf die Regentropfen, die die Fensterscheibe hinunterlaufen. Plötzlich haben sie einen tollen Einfall. „Ich weiß was!", ruft Ben. „Lass uns ein Regentropfen-Rennen machen!"

Schnell sind sie völlig in das Spiel vertieft und schreien aufgeregt, als der erste Regentropfen das Ende des Fensters erreicht hat. „Na, ihr scheint euch ja nicht mehr zu langweilen!", sagt Papa.

„Es macht Spaß!", rufen sie. „Hoffentlich regnet es morgen wieder!"

# Martins Krippenspiel

„Mama!", ruft Martin. „Ich bin einer der Könige im Schulkrippenspiel. Ich muss auch etwas sagen! Hilfst du mir, den Text zu lernen?"

„Natürlich", sagt Mama. „Ich werde Peters Text sagen und dann bist du dran … Wer ist gekommen, um das Königskind zu besuchen?"

„Ich bin Balthasar und ähm … mmh … ich kann mich an den Rest nicht erinnern", sagt Martin. „Gold?", gibt ihm Mama einen Tipp.

„Oh ja!", sagt Martin, „Ich bringe Gold für das Königskind."

„Jetzt noch mal alles zusammen", sagt Mama.

„Ich bin Balthasar und ähm … mmh … ich kann mich an den Rest nicht erinnern!", jammert Martin.

„Mach dir keine Sorgen!", tröstet ihn Mama. „Wir werden weiter üben und du wirst das gut machen."

Am Abend der Aufführung tritt Martin auf die Bühne. „Wer ist gekommen, um das Königskind zu besuchen?", fragt Peter.

„Ich bin Balthasar und ich bringe … "

„Gold!", ruft Mama. Sie kann einfach nicht anders! „ … Gold für das Königskind!", sagt Martin ganz laut. „Danke, Mama!"

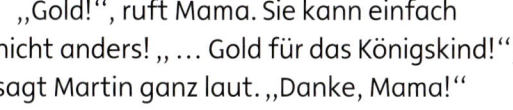

# Das Schattenmonster

Pascal Nodosaurus sieht sehr gefährlich aus und kann sehr laut brüllen, deshalb hat sein Lehrer ihn als Monster für das Schultheaterstück ausgesucht. Aber obwohl Pascal sehr gefährlich aussieht, ist er in Wirklichkeit sehr schüchtern. Er hat große Angst davor, auf einer Bühne zu stehen.

Am Abend der Aufführung ist er so nervös, dass er nicht auf die Bühne gehen kann. Stattdessen steht er nur hinter dem Vorhang.

In diesem Augenblick sieht der kleine Billy Pascals riesigen Schatten auf die Bühne fallen. „Da! Schaut mal!", ruft er. „Da ist das Monster! Man kann seinen riesigen Schatten sehen!" Es sieht wirklich ziemlich gruselig aus!

„Eine prima Idee!", rufen die Zuschauer. „Es ist viel gruseliger, wenn man nur den riesigen Schatten sieht. Was für ein tolles Theaterstück!"

Pascal hört hinter dem Vorhang genau zu und er ist wahnsinnig stolz. Eigentlich ist es gar nicht so schlecht, beim Schultheater mitzuspielen!

# Das neue Zimmer

Zu Frühlingsanfang scheint Katrins Mama oft mit den Gedanken woanders zu sein. Sie ist auch häufig zu müde, um mit Katrin zu spielen. An anderen Tagen wuselt sie umher und hat viel zu tun. Auch Papa ist sehr damit beschäftigt, das freie Zimmer neu einzurichten. Er kann also auch nicht mit ihr spielen. Katrin versteht gar nicht, wieso Mama und Papa keine Zeit mehr für sie haben. Sie fühlt sich einsam und alleingelassen. „Ich wünschte, ich hätte Schwestern und Brüder, mit denen ich spielen könnte!", seufzt sie. Eines Tages –

Katrin träumt gerade, zu einer großen Familie zu gehören – kommt Mama zu ihr und umarmt sie glücklich. Sie führt Katrin in das neu eingerichtete Zimmer. Es ist nun ein schönes Kinderzimmer.
 Und da! Katrin traut ihren Augen kaum! In der Ecke, weich und warm zugedeckt, liegen vier grüne Eier. „Du bekommst Brüder und Schwestern", sagt Mama stolz. „Möchtest du helfen, für sie zu sorgen?"
 „Oh ja!", ruft Katrin fröhlich. „Ich werde die beste große Schwester auf der ganzen Welt sein!"

# Davids neuer Sonnenschutz

Davids Sonnenbrillen wollen einfach nicht auf seiner Nase bleiben! Er hat eine rote mit runden Gläsern, eine blaue mit sternförmigen Gläsern und eine gelbe mit dreieckigen Gläsern, aber alle rutschen immer wieder von seiner Nase.

„Es ist so nervig!", klagt David. „Wenn ich keine Sonnenbrille trage, muss ich die Augen zukneifen, weil mich sie Sonne blendet."

An einem sonnigen Tag geht David mit seinen Freunden an die Küste.

„Komm und bau mit uns Sandburgen am Strand!", rufen seine Freunde. „Das macht Spaß!" Aber David schüttelt nur den Kopf. „Ich würde ja gerne", antwortet er. „Aber ich bleibe besser unter diesem Baum im Schatten."

Da kommt sein bester Freund Oliver aus dem Strandladen zurück. Er hat ein großes Eis und ein Geschenk für David mitgebracht. „Wie wäre es damit?", fragt er und gibt David eine strahlend rote Kappe. Er setzt sie auf und sie passt wie angegossen. „Danke!", ruft David. „Sie sieht cool aus und jetzt brauche ich keine Sonnenbrille mehr!"

# Zirkus im Garten

Ronja hat ein Zirkusplakat gesehen.

„Können wir da hingehen, Papa?", fragt sie. „Bitte!"

„Es tut mir leid", sagt Papa. „Aber es ist zu weit weg für uns."

„Das ist ungerecht!", beschwert sich Ronja bei ihrem Freund Tom. „Ich wollte wirklich gerne hin!"

„Lass uns unseren eigenen Zirkus machen", schlägt Tom vor. „Ich wette, unsere Freunde würden kommen und uns zusehen – und sie könnten auch mitmachen!"

Den ganzen Nachmittag über Ronja und Tom ihre Kunststücke, bis sie eine fantastische Show zustande gebracht haben. Tom schlägt Rad und balanciert auf einem Holzbalken. Ronja steht mit nur einem Bein auf einer Schaukel – und alle Zuschauer tun so, als ob sie wirklich hoch oben in der Luft wäre. Dann jonglieren sie mit Reifen und tragen dabei lustige Hüte. Für das Finale dürfen alle bei der großen Parade mitmachen. Niemand denkt jetzt noch an den richtigen Zirkus. Denn alle haben richtig viel Spaß!

# Emma findet eine Freundin

Emma ist sehr schüchtern und sie wünscht sich mehr als alles andere eine wirklich gute Freundin. Eines Tages kommt eine neue Schülerin in ihre Klasse. Die Lehrerin stellt sie vor. Sie heißt Olivia. Hände schießen in die Höhe. „Kann ich mich um sie kümmern?", rufen die Kinder durcheinander. Emma ist zu schüchtern, um sich auch zu melden.

Nora und Marius dürfen sich um Olivia kümmern. In der ersten Woche führen sie Olivia herum und spielen mit ihr in den Pausen. Emma beobachtet sie, kann sie aber nicht ansprechen, weil sie dafür viel zu schüchtern ist. Und dabei wäre sie so gerne Olivias Freundin.

Einmal in der Pause liest Olivia gerade ein Buch. Emma nimmt ihren ganzen Mut zusammen und sagt zu Olivia: „Das ist mein Lieblingsbuch."

„Wirklich? Das ist auch mein Lieblingsbuch!", ruft Olivia. Kurz darauf unterhalten sich die beiden so vertraut, dass man meinen könnte, sie wären schon immer Freundinnen gewesen.

# Wettlauf mit den Zwillingen

Anna und Katharina sind eineiige Zwillinge. Es ist fast unmöglich, die beiden voneinander zu unterscheiden. Sogar ihre Eltern haben manchmal Probleme damit!

Eines Tages gibt Alexander damit an, dass er der schnellste Läufer der ganzen Schule sei.

„Ich habe genug von seinen Angebereien!", sagt Anna. „Ich weiß, wie wir ihm eine Lektion erteilen können, die er nicht so schnell vergessen wird." Also fordert Anna Alexander zu einem Wettlauf heraus.

„Gegen dich gewinne ich mit links!", kichert Alexander, als sie sich für den Wettlauf aufstellen. Währenddessen versteckt sich Katharina hinter einem Baum.

„Auf die Plätze, fertig, LOS!", ruft Anna.

Zuerst übernimmt Alexander die Führung, aber Anna ist dicht hinter ihm, als sie an dem Baum vorbeirennen, hinter dem sich Katharina versteckt hält. Blitzschnell rennt Anna hinter den Baum und Katharina stürmt hervor, so voller Energie, dass sie Alexander mit Leichtigkeit überholt.

Alle jubeln – und Alexander wird niemals herausfinden, dass er von den Zwillingen ausgetrickst wurde. Er schleicht davon und reibt sich dabei nachdenklich das Kinn.

# Lilly, die Künstlerin

Lillys Nachbarn streichen die Fassade ihres Hauses neu. Lilly liebt es, zu streichen und zu malen. „Kann ich euch helfen?", fragt sie.

„Wenn du es ordentlich machst", erwidern ihre Nachbarn. Lilly geht hinters Haus, wo sie eine ganze Wand für sich alleine hat. Sie malt einen großen Regenschirm, einen Ball und einen Dinosaurier in einem gestreiften Badeanzug. Es macht ihr so viel Spaß und die Zeit vergeht wie im Flug! Dann hört sie einen Freund der Nachbarn kommen.

Sie laufen alle ums Haus herum und sehen Lillys Bild. „Oh!", staunen Lillys Nachbarn und starren mit offenen Mündern auf die Hauswand.

„Mist!", denkt Lilly. „Es gefällt ihnen nicht!"

Aber der Freund ruft: „Wie raffiniert! Würdest du auch für mich ein Wandgemälde malen, Lilly?" Und auf einmal fangen Lillys Nachbarn an, zu lächeln. „Das ist moderne Kunst", sagen sie.

Lilly ist sehr erleichtert. Seitdem malt sie in der ganzen Nachbarschaft Häuser an.

# *Ich will auch im Bett bleiben!*

Rebeccas Bruder Alex hat die Masern.

„Das ist unfair!", meckert Rebecca. „Ich möchte auch einen schulfreien Tag wie Alex!"

„Alex hat Fieber und einen Hautausschlag", sagt Mama. „Du hast bestimmt mehr Spaß in der Schule als er im Bett, glaub mir."

Rebecca geht schlecht gelaunt zur Schule. Den ganzen Tag lang stellt sie sich Alex vor, wie er im Bett liegt, fernsieht und von vorne bis hinten bedient wird. Sie weiß nicht, dass Alex sich fiebrig fühlt, es ihn überall juckt und er unglücklich ist, während sie ein Pappraumschiff baut, Geschichten lauscht und mit ihren Freunden spielt.

Beim Frühstück am nächsten Tag fühlt Rebecca sich fiebrig und schlecht und ihr Gesicht ist übersät mit roten Punkten.

„Oh, schnell wieder zurück ins Bett!", sagt Mama.

„Aber heute haben wir Kunst in der Schule!", jammert Rebecca. „Das ist unfair!"

„Ja, es ist nicht schön, dass du krank bist", sagt Mama. „Aber wenn du im Bett bleibst, wirst du bald wieder gesund."

# Der Rechenreim

Sven hat Probleme mit seinen Rechenaufgaben in der Schule. „Ich werfe sie immer durcheinander", sagt er zu Mama trotzig und stampft dabei mit dem Fuß auf. Das tut er häufig, wenn er wütend ist.

Mama sieht ihm nach, während er den Weg zum Gartentor hinunterrennt. Das Gartentor ist sein liebster Platz zum Nachdenken. Immer wenn er sich über etwas ärgert, sitzt er dort.

Da hat Mama eine Idee. Sie holt einen Briefblock hervor und schreibt schnell einen kleinen Reim für Sven auf, damit er sich seine Rechenaufgaben leichter merken kann:

Ich stampfe zweimal ganz fest auf
und denke immerzu bei mir:
Zwei und zwei sind immer vier.

Während ich zum Tore lauf,
ist es leichter als gedacht:
Vier und vier sind immer acht.

An diesen kleinen Reim kann Sven sich immer erinnern – sogar dann, als er schon erwachsen ist.

# Lottas Lieblingshose

Lotta will nicht die neue, rote Latzhose tragen, die Mama gekauft hat. Sie trägt viel lieber Kleider.

„Aber sie hat doch deine Lieblingsfarbe!", sagt Mama. „Probiere sie doch nur einmal an!"

Die Familie will auf den Spielplatz, aber Lotta ist immer noch im Schlafanzug.

„Dann gehen wir eben ohne dich!", sagt Mama. Also zieht Lotta ihre neue, rote Latzhose an. Auf dem Spielplatz rennt Lotta zu der großen Rutsche, klettert die Leiter hinauf und rutscht auf der anderen Seite herunter. Danach spielt sie im Sandkasten.

„Hey!", ruft Lotta. „Ich kann in meiner neuen Latzhose viel besser klettern. Und ich hab noch nicht einmal einen sandigen Po!"

„Ich wünschte, ich hätte auch so eine", sagt ihre Freundin Mia.

Lotta grinst. „Das ist jetzt meine Lieblingshose!", sagt sie.

221

# Der gemusterte Weg

„Genau pünktlich!", grinst Herr Docus freundlich, als Freddie mit der ‚Dinosaurier Zeitung' den Gartenweg hochgerannt kommt. Freddie bringt ihm jeden Nachmittag immer genau um fünf Uhr die Zeitung.

Am nächsten Morgen kommt ein Zementmischer. Herr Docus möchte den Weg zum Haus neu anlegen. Er geht an die Arbeit und ist genau zehn Minuten vor fünf fertig. Frau Docus betrachtet den Weg.

„Er ist so zu langweilig", sagt sie dann. „Ein Muster wäre schön!"

Da kommt Freddie wie immer mit der Zeitung angerannt.

„Oh, das tut mir leid!", ruft Freddie, als er seine Fußabdrücke im frischen Zement sieht.

„Das macht nichts", lachen Herr und Frau Docus. „Das ist doch ein sehr schönes Muster!"

# Das Gespensterhaus

„Ich fürchte mich vor nichts!", prahlt Sarah Stegosaurus.

„Ich wette, du traust dich nicht, in das Gespensterhaus zu gehen", antwortet ihr Bruder Alex.

„Ich gehe rein, wenn du auch mitkommst", erklärt Sarah und versucht, dabei mutig zu klingen.

„Na gut", willigt Alex ein. „Lass uns jetzt gleich gehen!" Sarah und Alex schleichen den zugewucherten Weg entlang und öffnen das knarrende Tor.

Sie steigen die gewundene Außentreppe hinauf, öffnen die Tür zu einem dunklen, mit Spinnweben behangenen Raum und gehen auf Zehenspitzen hinein.

„So", flüstert Sarah. „Ich glaube, das beweist, dass keiner von uns beiden ein Angsthase ist."

„Das glaube ich eher nicht!", flüstert Alex.

„Quiiek!", macht eine Maus.

„AAAHH!", schreit Alex.

„Hilfe!", ruft Sarah ängstlich. Und die beiden rennen aus dem mit Spinnweben behangenen Raum, die gewundene Treppe hinunter, durch das knarrende Tor, den zugewucherten Weg entlang bis nach Hause ins gemütliche Bett!

# Leon und Laura, die Dino-DJs

„Ich bin ein Dino-DJ!", sagt Leon stolz zu seiner kleinen Schwester. Er zeigt auf die Buchstaben auf seinem neuen T-Shirt. Olivers Mama hat es ihm genäht.

„Was macht ein DJ?", fragt Laura, die sich mehr für eine schöne, bunte Kiste interessiert, die sie gekauft hat. „Ein DJ", antwortet Leon, „ist jemand, der auf einer Party die Reihenfolge der Lieder festlegt. Manchmal schneidet er Lieder auch so zusammen, dass ein ganz neues Lied entsteht. Ich werde auf Olivers Geburtstagsparty der DJ sein!"

Laura ist davon nicht gerade beeindruckt. Sie stellt die bunte Kiste vor Leon auf den Tisch.

„Öffne sie!", fordert sie ihn auf. Als Leon die Kiste öffnet, springt ein lustiges Monster heraus und macht dabei ein quietschendes Geräusch. Leon springt zurück. Er hat sich sehr erschreckt.

„Ich frage Olivers Mama, ob sie dir auch ein T-Shirt näht", sagt er dann.

„Warum?", fragt Laura. „Ich bin doch gar kein DJ!"

„Ja, aber du bist ein Scherzkeks!", sagt Leon lachend. „Mit dem T-Shirt weiß man dann, auf was man gefasst sein muss!"

# Picknick im Trockenen

„Oh, nein! Mama!", ruft Björn verzweifelt, als er aus dem Fenster sieht. „Es regnet!"

Björns Freundin Katrin ist zum Spielen gekommen. Und Mama hatte ihnen ein Picknick im Park versprochen. Aber wie sollte das jetzt gehen? Bei diesem Regen?

„Macht nichts!", sagt Björns Mama. „Ich habe eine gute Idee." Sie nimmt eine große Tischdecke aus dem Schrank und geht in die Küche. Björn und Katrin wollen unbedingt wissen, was sie vorhat, aber sie schließt die Tür.

„Essen ist fertig!", ruft Björns Mama etwas später. Björn und Katrin rennen in die Küche.

Mitten im Esszimmer ist nun eine kleine Dinosaurierhöhle, mit dem Esstisch als Dach und der Tischdecke als Wände – und innen wartet das Picknick auf sie!

Über dem Eingang der Höhle hängt ein Zettel: „Björn und Katrins Höhle – Bitte draußen bleiben!"

„Mama, das ist super!", ruft Björn begeistert. „Können wir jetzt immer drinnen picknicken?"

# Jan ist eingesperrt

Jan und Mama wollen gerade einkaufen gehen, als es klingelt. Vor der Tür steht die alte Dame von nebenan. „Könnten Sie mir helfen, eine Kiste in meine Wohung zu tragen?", fragt sie Mama freundlich.

„Aber natürlich", sagt Mama. „Es wird nicht lange dauern, Jan." Und dann folgt sie der alten Dame hinaus. Plötzlich kommt Wind auf und wirft die Tür ins Schloss.

„Oh!", ruft Mama von draußen. „Die Schlüssel liegen drinnen! Jan, kannst du die Tür öffnen?"

Jan rennt zur Tür, aber er ist zu klein und kann den Türgriff nicht erreichen. „Ich bin eingesperrt!", weint er. „Ich will zu meiner Mama!"

Mama ist auch ganz traurig, aber sie weiß nicht, was sie tun kann. Sie nimmt ein Taschentuch aus ihrer Tasche, um sich die Nase zu putzen. Da fällt etwas auf den Boden und macht ein klirrendes Geräusch.

„Meine Schlüssel!", ruft Jans Mama. Sie schließt die Tür auf und nimmt Jan ganz fest in die Arme.

# Daniel spielt nicht mit

Suse Triceratops hat Geburtstag und sie hat viele Geschenke bekommen. „Warum bekomme ich keine Geschenke?", schmollt Daniel Diplodocus.

„Wir spielen jetzt ein Spiel", ruft Suses Mama. „Alle Gewinner bekommen einen Preis!" Daraufhin wird Daniels Laune gleich besser.

Sie spielen „Reise-nach-Pangea" und Sam gewinnt ein paar Süßigkeiten. Sie spielen „Blinder Brontosaurier" und Katy gewinnt einen großen, rosa Lutscher. Sie spielen „Das Päckchen geht um" und Josh gewinnt einen gelben Spielzeuglaster.

„Das ist ungerecht!", jammert Daniel. „Ich spiele nicht mehr mit!" Also spielen sie ohne ihn „Schatzsuche".

Die Dinosaurierkinder suchen den Schatz überall, aber sie können ihn einfach nicht finden. „Wir haben überall gesucht!", sagt Suse erschöpft.

„Ich sehe, dass jemand den Schatz gefunden hat!", lacht Suses Mama. „Daniel, komm, du bekommst deinen Preis!"

„Ich?", fragt Daniel und steht auf. Er ist rot geworden. Er hat die ganze Zeit auf dem Schatz gesessen.

# Eierlauf

Lukas und seine Freunde üben Eierlauf. Dabei muss man rennen und gleichzeitig ein rohes Ei auf einem Löffel balancieren. In der Schule gibt es ein Wettrennen und der Erste, der das Ziel erreicht, bekommt einen tollen Preis.

„Auf die Plätze, fertig, LOS!", ruft ihr Lehrer.

Lara streckt ihr Ei weit von sich und läuft mit kleinen Schritten. Jonas trägt sein Ei vor der Brust und macht große Schritte. Adam hält sein Ei mit dem Daumen fest und rennt sehr schnell.

Aber Lukas läuft einfach ganz vorsichtig und passt auf, dass sein Ei nicht runterfällt und zerbricht.

„Du wirst der Letzte sein!", lachen seine Freunde ihn aus. Aber Lukas hört nicht auf sie.

Lara achtet nicht darauf, wo sie hinläuft und rennt im Kreis. Jonas' Ei fällt runter und rollt weg. Adam wird disqualifiziert, weil er mogelt. Und Lukas? Er läuft ganz vorsichtig – und erreicht als Erster die Ziellinie!

# Das Geburtstagsgeschenk

In zwei Tagen ist der Geburtstag von Nikos und Tobias' Mama. Aber sie haben keine Ahnung, was sie ihr schenken sollen.

„Ihr könntet ein Bild malen", schlägt Papa vor. Aber das ist nicht genug. Sie denken den ganzen Tag nach und dann haben sie eine Idee.

Am nächsten Tag kommen sie mit einer Papiertüte aus einem Laden zurück und schließen sich in ihr Zimmer ein.

Am nächsten Morgen wecken sie Mama mit einer Tasse Tee, einer wunderschönen, selbstgemalten Karte und einem Geburtstagslied.

„Vielen Dank", sagt Mama und bewundert die Karte. Dann gibt Niko ihr eine Kiste. Darin sind ein Päckchen Pflanzensamen und ein Sonnenhut.

„Wir können die Samen gemeinsam säen. Dann werden daraus genauso schöne Blumen wie auf der Karte!", sagt Niko.

„Und den Sonnenhut kannst du im Garten tragen", erklärt Tobias.

„Was für wunderbare Kinder ich habe!", ruft Mama stolz.

# Babys sind so langweilig!

Jakob und Ben sind sehr aufgeregt. Sie sind gerade auf dem Weg zu ihrer Tante Susi und deren neugeborenem Baby.

„Wo ist unser neuer Spielkamerad?", ruft Jakob, als sie angekommen sind.

„Da drin!", antwortet Tante Susi und zeigt auf ein glattes, glänzendes Ding in einer Ecke. „Er ist im Ei!"

Das Ei bewegt sich nicht und lacht auch nicht. Es liegt einfach nur da. „Babys sind so langweilig!", sagt Jakob. Dann geht er nach draußen zum Spielen.

Ben liest gerade einen Comic, als er ein Geräusch hört. „KNACK!" In der Eierschale ist ein kleines Loch. Es wird größer und größer. Und dann sieht er zu, wie zuerst der Kopf und dann der restliche Körper aus dem Ei schlüpfen. Es ist der süßeste Dinosaurier der Welt.

„Jakob! Jakob! Komm und sieh mal!", ruft Ben.

Jakob stürzt in den Raum. „WOW!", sagt er überrascht. „Babys sind doch nicht so langweilig!"

# Piratenschatz in Sicht!

Kapitän Enterhaken und seine Mannschaft suchen nach einem Schatz. Sie sind sieben lange Tage auf See gewesen, aber es ist immer noch kein Land in Sicht. Am achten Tag geht ihnen das Essen aus. Am neunten Tag gibt es auch kein Trinkwasser mehr. Am zehnten Tag ruft der Bootsmann im Ausguck endlich: „Land in Sicht!"

Mit neuer Hoffnung rudert die Mannschaft an Land. Der Kapitän holt die Karte heraus und führt sie durch den Sumpf, vorbei an einem Haufen Totenschädel und über einen Fluss, hin zu drei einsamen Bäumen.

„Und jetzt grabt!", befiehlt er. In wenigen Minuten schlagen die Spaten gegen Metall. Sie ziehen die Truhe mit leuchtenden Augen heraus. Der Schatz gehört nun endlich ihnen … !

„Gut, Jungs", sagt Papa. „Ich bin froh, dass ihr meine Brotdose gefunden habt, aber es ist Zeit aufzuräumen und nach Hause zu gehen. Das war ein schöner Tag am Strand!"

# Die besten Freunde

Leo und Joshua sind Nachbarn und die besten Freunde. Aber eines Tages prügeln sie sich. Es hat alles wie ein Spiel angefangen, aber Joshua drückt Leo zu sehr und Leo schubst Joshua zu arg und bevor sie es bemerken, tun sie sich gegenseitig sehr weh.

Seitdem spielen Joshua und Leo nicht mehr miteinander. Sie lächeln sich nicht einmal an, wenn sie sich auf der Straße begegnen. Sie vermissen sich gegenseitig, aber sie wissen nicht, was sie tun sollen.

Als Leo einmal aus der Schule kommt, sieht er drei ältere Dinosaurier, die Joshua am Schwanz ziehen. Joshua weint.

,,Lasst ihn in Ruhe!", ruft Leo wütend. ,,Das ist mein Freund!" Die anderen Dinosaurier rennen weg und Leo und Joshua gehen zusammen nach Hause.

,,Ich bin froh, dass wir immer noch Freunde sind", sagt Joshua. ,,Lass uns nie wieder kämpfen!"

# Übung macht den Meister

Elias und Papa gehen auf den Jahrmarkt. Aber so sehr Elias auch versucht, einen Preis beim Ringwerfen zu gewinnen, er schafft es einfach nicht.

„Übung macht den Meister", sagt Papa aufmunternd auf dem Weg nach Hause. „Ich werde dir helfen, wenn du willst."

Elias willigt eifrig ein. Elias' Papa holt ein paar Gummiringe aus der Garage. Dann ruft er seinen Sohn. „Alles, was du tun musst, ist, mir die Ringe zuzuwerfen", sagt er, als er auf die Knie geht.

„Wie soll mir das helfen?", fragt Elias verwirrt.

Papa kichert. „Du musst die Reifen natürlich auf meine Hörner werfen!"

Elias beginnt vorsichtig, die Reifen nach Papas Hörnern zu werfen. Schon bald ist es ganz einfach. Und am nächsten Tag auf dem Jahrmarkt? Wer hat da einen Preis gewonnen? Elias, natürlich!

# Fliegen zum Geburtstag

Herr Diplodocus ist immer sehr gut angezogen. Es gibt keinen Tag, an dem er nicht von Kopf bis Fuß schick gekleidet wäre. Aber was sich Herr Diplodocus am meisten wünscht, ist eine Fliege. Kurz vor seinem Geburtstag erzählt er allen seinen Freunden von diesem Wunsch.

„Dann kann ich mir sicher sein, eine zu bekommen", denkt er.

An seinem Geburtstag bekommt Herr Diplodocus einen riesigen Stapel Geschenke. Als er das erste auspackt, freut er sich sehr: In dem Päckchen ist eine gestreifte Fliege.

„Wunderbar!", ruft er und packt das zweite Päckchen aus. „Noch eine Fliege!", ruft er begeistert. Und packt weiter aus. In jedem einzelnen Päckchen ist eine bunte Fliege.

„Die hab ich mir alle gewünscht", sagt er. Dann zieht er sie an – ALLE zusammen!

Was für ein beeindruckender Anblick Herr Diplodocus ist, wenn er die Straße entlanggeht.

Denn er trägt jetzt zwanzig Fliegen an seinem langen Hals!

# Bens Blumenbeet

„Kommst du mit in den Garten und hilfst mir ein wenig?", fragt Bens Mama.

„Das ist langweilig", erwidert Ben.

„Nein, ist es nicht", antwortet Mama. „Sieh mal! Du kannst ein kleines Stück vom Garten haben und dort ein eigenes Beet anlegen."

„In Ordnung", sagt Ben. Er nimmt die Muscheln, die er letzten Sommer gesammelt hat, und rahmt damit sein Beet ein. Mama gibt ihm ein paar Samen, die er vorsichtig sät und gießt, damit sie wachsen.

Ein paar Tage später, an einem schönen Sommertag, rennt Ben in den Garten und sieht in seinem Beet Blumen wachsen. Es sind sehr viele bunte Blumen, die alle im Wind leicht mit den Köpfen nicken.

„Schau mal, Mama, das sind die Blumen, die ich gepflanzt habe!", sagt Ben stolz.

# Was ist im Gartenhäuschen?

Es ist der Tag vor Ellens Geburtstag, und sie befürchtet, dass ihre Familie ihn vergessen wird. Denn alle scheinen sich nur für das Gartenhäuschen zu interessieren.

„Ich werde die Hütte streichen", sagt ihre Schwester Lene. „Sie braucht mal einen neuen Anstrich!"

„Ich werde das Häuschen dekorieren", sagt Mama und trägt viele Schleifen hinein.

„Ich lege diese Kissen in die Hütte", sagt Opa.

Ellens Bruder trägt ein Tablett mit Limonade und Keksen.

„Ich nehme an, das ist auch für die Hütte!", sagt Ellen traurig.

Am Morgen ihres Geburtstages sind nirgendwo Dekorationen, Geburtstagskarten oder Kuchen zu sehen. „Sie haben den Geburtstag also tatsächlich vergessen!", denkt Ellen.

„Komm mit und sieh dir das Gartenhäuschen an, Ellen!", sagt Lene.

Ellen öffnet die Tür zur Hütte.

„Überraschung!", ruft die ganze Familie. Das Gartenhäuschen ist pink angemalt und auf der Innenwand steht ALLES GUTE! Und da ist ein Tisch mit Karten, Geschenken und einem riesigen Kuchen. Sie haben doch daran gedacht!

# Wo ist Stegie?

„Komm, Lasse!", ruft Mama. „Wir haben alles gepackt und wollen jetzt fahren." Die Familie will zelten gehen und das Auto ist voll mit Eimern und Spaten, Schlafsäcken, Töpfen und Pfannen, Büchern und Spielen, Kleidern …

„Aber ich kann Stegie nicht finden!", sagt Lasse. „Und ohne ihn fahre ich nicht!" Stegie ist ein Spielzeugdinosaurier, den Lasse geschenkt bekommen hat, als er noch ein Baby war.

„Wir können nicht länger warten", sagt Lasses Papa. „Du musst jetzt kommen!" Lasse klettert ins Auto. „Ich kann ohne Stegie nicht schlafen!", jammert er.

Die ganze Fahrt über kann Lasse nicht aufhören, an Stegie zu denken. Und als sie in ihrem gemütlichen Zelt schlafen wollen, fängt er an zu weinen.

„Kopf hoch, Lasse," sagt seine Schwester, als sie seinen Schlafsack ausrollt. Und wer fällt da raus? – Stegie!

„Jetzt fällt es mir wieder ein!", sagt Lasse glücklich. „Ich habe ihn in meinen Schlafsack getan, damit ich weiß, wo er ist, wenn ich schlafen gehe!"

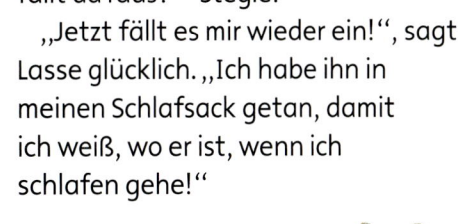

# Tim beim Zahnarzt

Heute ist Tim zum ersten Mal beim Zahnarzt und er hat ein bisschen Angst. „Ich will nach Hause!", jammert er im Wartezimmer. Bevor Mama ihn aufhalten kann, rennt er durch eine Tür.

Tim sieht sich in dem Raum um. Er ist weiß gestrichen und in der Mitte steht ein großer Stuhl. Tim setzt sich auf den Stuhl und zieht an einem Hebel. Der Stuhl fährt hoch und runter.

„Bist du Tim?", fragt eine Stimme. „Du hast aber schöne Zähne! Kann ich sie mir mal ansehen?" Es ist eine Frau in einem weißen Kittel.

„In Ordnung", sagt Tim. „Ich bin gerade erst vor dem Zahnarzt geflohen!", ergänzt er stolz und öffnet seinen Mund.

Jetzt zieht die Frau an einem Hebel und der Stuhl fährt wieder hoch, danach betrachtet sie seine Zähne mit einem kleinen Spiegel.

Dann poliert sie sie mit einer speziellen Bürste.

„Das war nicht so schlimm, oder?", fragt sie.

„Nein, das hat mir Spaß gemacht!", sagt Tim. Und plötzlich wird ihm klar, dass er die ganze Zeit auf einem Zahnarztstuhl gesessen hat!

# Felix ist verschwunden

Der beste Freund von Lars ist Felix, ein winziger Dinosaurier. Wenn sie zusammen gespielt haben, legt sich Felix am liebsten in den Wäschekorb von Lars' Mama und schläft ein bisschen.

Eines Tages kann Lars Felix nicht finden. Er guckt in den Wäschekorb, aber dort ist Felix nicht. Er sucht im ganzen Zimmer, unter dem Bett und im Bücherregal. Dann sucht er ihn im Garten. Aber Felix ist nirgendwo zu finden.

Plötzlich hört Lars ein quietschendes Geräusch aus seiner Kommode. Hoffnungsvoll öffnet er die oberste Schublade. Da ist Felix und er sieht sehr zerknautscht und wütend aus. Er war im Wäschekorb eingeschlafen und wurde mit der ganzen Kleidung wegsortiert. „Wer hätte denn ahnen können, dass es im Wäschekorb so gefährlich ist?", fragt Lars und lächelt, während er Felix aus der Schublade hebt. Jetzt muss auch Felix lachen.

# Christophers neues Zuhause

Christopher und seine Familie ziehen um, deshalb ist er sehr aufgeregt.
„Ziehen wir heute um?", fragt er Mama jeden Tag. „Können wir heute umziehen?" Endlich war der Tag gekommen.
„Ich will nur sichergehen, dass wir nichts vergessen haben", sagt Papa und schaut noch einmal in alle Räume. Christopher geht in sein altes Zimmer. Ein Teddybär liegt auf dem Fußboden und Christopher hebt ihn auf. Das war sein Zimmer – nirgendwo konnte es so schön sein wie hier.

„Ich möchte nicht umziehen!", weint Christopher. Mama tröstet ihn, aber auf der Fahrt zum neuen Haus ist er trotzdem traurig. Er nimmt eine Kiste mit Spielzeug und folgt seinen Eltern in ein sonniges Zimmer mit einem großen Fenster. Da ist auch ein Spielzeugschrank in der Ecke und eine Nische für sein Bett. Christopher sieht sich um.

„Es ist nicht genauso wie mein altes Zimmer", sagt er. „Es ist sogar noch besser!"

# Ein Kinderspiel!

Der kleine Cousin von Esther und Torben kommt zu Besuch. Er ist noch ein Baby.

„Können wir dabei helfen, auf ihn aufzupassen?", fragt Esther aufgeregt.

Mama nickt. „Ihr werdet sogar beide helfen müssen", sagt sie dann lächelnd. Torben seufzt genervt. Tante und Onkel bringen zwar ein lächelndes Baby mit, aber sobald sie gehen, fängt Baby Oskar an zu weinen.

„Lass dich knuddeln", sagt Esther. Aber Oskar weint noch immer. Torben hat bald genug. Er haut mit der Faust auf den Tisch. „Oh bitte, hör auf!", jammert er.

„Obi, hauf!", brabbelt Oskar und haut mit seiner kleinen Hand auf den Tisch.

„Er macht mich nach!", lacht Torben. Was Esther und Torben auch tun – Topfschlagen, Türmchen bauen, Entenfüttern – Oskar macht alles nach. Am Abend sind alle drei sehr erschöpft.

„Oskar schläft", sagt Mama, als seine Eltern ihn abholen wollen. „Er hat die ganze Zeit alles nachgemacht, was die anderen beiden getan haben. Oder etwa nicht, Kinder?" Aber Esther und Torben antworten nicht. Genau wie Oskar sind sie schon eingeschlafen.

# Du bist zu klein!

Jana und ihr kleiner Bruder Alex sind bei Alice zu Besuch. Alice und Jana wollen ihn nicht mitspielen lassen.

„Du bist zu klein!", sagen sie. „Geh weg!"

Alex hebt einen Ball auf und spielt alleine damit. Dann hört er Alices kleine Schwester weinen. Alex rollt den Ball auf sie zu und sie rollt ihn zu ihm zurück. Alex lässt den Ball aufdotzen und wirft ihn hoch in die Luft. Das Baby fängt an zu lachen.

Alices Mama bringt den beiden Kekse und Saft. Dann gibt sie Alex Alices altes Dreirad. Alex fährt die ganze Zeit im Kreis und spielt dabei auch noch mit dem Ball, während das Baby immerzu lacht.

Jana und Alice kommen, um zu sehen, was da los ist.

„Das scheint Spaß zu machen. Können wir mitspielen?", fragen sie.

„Ich glaube, dafür seid ihr leider zu groß!", antwortet Alex, während er dem Baby zuwinkert.

# Wie in alten Zeiten

„Ich friere!", klagt Marie an einem sehr kalten Wintertag.
„Unsinn!", sagt Opa. „Als ich jung war, war es sehr viel kälter.
Früher war es so kalt, dass der See zugefroren war und man darauf
Schlittschuhlaufen konnte."

"Ich wünschte, wir könnten Schlittschuhlaufen gehen", sagt Marie verträumt. Jeden Tag, wenn Opa von seinem Spaziergang nach Hause kommt, schüttelt er den Schnee ab und sagt: "Es ist nicht mehr so kalt wie früher, als ich ein kleiner Junge war."

Marie gibt alle Hoffnung aufs Schlittschuhlaufen auf. Aber dann kommt Opa eines Tages von seinem Spaziergang zurück und sagt: "Es ist viel kälter als früher, als ich noch ein kleiner Junge war!"

Marie traut ihren Ohren nicht. "Können wir endlich Schlittschuhlaufen gehen?", fragt sie.

"Ja", sagt Opa. "Das Eis sollte jetzt dick genug sein!"

Es ist wundervoll, auf dem Eis zu gleiten.

"Macht es dir denn noch genauso viel Spaß wie damals, als du ein kleiner Junge warst?", fragt Marie neugierig.

"Sogar noch mehr!", lacht Opa.

# Fußball mal anders!

Tom und Jan gehen zum Fußballspielen in den Park. „Du bist zuerst der Torwart, Tom", sagt Jan und markiert das Tor mit ihren Pullovern. Dann schießt er den Ball hoch hinauf. BUMM! Der Ball landet hinter Tom im Tor.

„TOR!", schreit Jan aufgeregt. BUMM! Schon bald schießt er das nächste Tor und dann noch eins. Jetzt will Jan auch mal im Tor sein.

Tom legt den Ball vors Tor. Er peilt das Ziel genau an und tritt fest gegen den Ball. Aber der Ball trifft nicht ins Tor, sondern landet im Abfalleimer. „Versuch es noch mal!", sagt Jan aufmunternd. Und Tom versucht es noch ein paar Mal, aber der Ball fliegt immer wieder zu weit.

„Ich spiele schlecht Fußball!", seufzt Tom traurig. Dann hat er eine Idee. Anstatt den Ball mit den Füßen zu treten, schlägt er mit dem Schwanz dagegen. Der Ball fliegt ins Tor.

„TOR!", jubelt Tom. „So klappt das einfach viel besser."

# Die quietschenden Schuhe

Manuel hat neue Schuhe. Sie sind blau und die Schnürsenkel sind rot. Es sind schöne Schuhe, aber sie haben einen großen Fehler: Sie quietschen.

Als er zur Schule geht, versucht er es mit Laufen, Rennen, Hopsen und Springen – aber die neuen Schuhe quietschen, was er auch tut. Der Postbote fährt auf seinem Fahrrad an ihm vorbei und steigt dann ab, um das Fahrrad zu überprüfen. Eine Frau mit Kinderwagen hält an und untersucht die Räder.

,,Keine Sorge! Das Quietschen kommt von meinen Schuhen!", ruft Manuel ihnen zu und wird dabei ein bisschen rot.

Er hat so viel Zeit damit verbracht, auszuprobieren, wann seine Schuhe nicht quietschen, dass er zu spät zur Schule kommt. ,,Beeil dich, Manuel!", sagt seine Lehrerin. ,,Der Unterricht beginnt gleich!"

Aber als Manuel zu seinem Platz läuft, quietschen seine Schuhe schon wieder.

,,AAH! Eine Maus!", ruft die Lehrerin und springt auf einen Stuhl. Manuel lächelt zum ersten Mal an diesem Tag. ,,Keine Sorge!", grinst er. ,,Das sind nur meine neuen Schuhe!"

# Ein nettes Fleckchen Schatten

Es ist ein schöner Tag. Der große und der kleine Dinosaurier setzen ihre Sonnenhüte auf und gehen zum Strand, um zu picknicken. Aber als sie ankommen, ist der kleine Dinosaurier nicht so glücklich.

„Es ist zu heiß hier!", sagt er. „Ich brauche etwas Schatten!"

Also geht der große Dinosaurier los, um einen großen Sonnenschirm zu mieten. Doch leider sind alle schon verliehen. Da hat der große Dinosaurier eine sehr gute Idee.

Er legt sich auf sein Handtuch und zieht seinen Sonnenhut über die Augen. „Hier ist dein Schatten", sagt er zufrieden.

Der kleine Dinosaurier lacht. „Oh, jetzt sehe ich ihn", sagt er fröhlich. „Was für ein Glück!" Und er setzt sich hin, um sich im Schatten des großen Dinosauriers auszuruhen.

# Passt auf! Ein Säbelzahntiger!

Hendrik ist ein scheuer, kleiner Kater und die Dinosaurier machen sich einen Spaß daraus, ihn zu erschrecken. Sie springen hinter den Bäumen hervor und brüllen ganz laut. Das macht Hendrik traurig, aber er traut sich nicht, es ihnen zu sagen.

Eines Nachts hat Hendrik furchtbare Zahnschmerzen. „Au!", jammert er. „Das tut so weh!"
Am nächsten Morgen ist Hendrik sehr mürrisch. Er läuft in den Wald, wo die Dinosaurier spielen. Als sie ihn sehen, rennen sie plötzlich weg.
„Das ist seltsam!", denkt Hendrik verwundert. „Ich frage mich, wovor sie Angst haben?" Dann sieht er sein Spiegelbild im Fluss. „Deshalb sind sie weggerannt", kichert er. „Ich habe neue, große Zähne bekommen! Und wie gefährlich ich damit aussehe! Jetzt brauche ich nie wieder schüchtern zu sein." Bald hat Hendrik viele Freunde, vor allem, weil er so freundlich und warmherzig ist. Aber auch deshalb, weil es niemand mehr wagt, ihm aufzulauern. Er ist ja schließlich ein wilder Säbelzahntiger!

Erstveröffentlichung unter den Titeln:
„Bedtime Bunny Tales"
„Bedtime Farm Tales"
„Bedtime Dinosaur Tales"

© 2010 Cat's Pyjamas
Illustrationen: Peter Stevenson

Genehmigte Lizenzausgabe
EDITION XXL GmbH
Fränkisch-Crumbach 2011
www.edition-xxl.de

ISBN (13) 978-3-89736-621-3
ISBN (10)    3-89736-621-5